Frank Setzer

Abgezockt Rotlichtfalle Thailand
Wa(h)re Liebe im Land des Lächelns

Après midi Musikverlag Baden-Baden

Vollständige erste Taschenbuchausgabe Oktober 2011
Après midi Musikverlag e.K.

Das Werk einschließlich aller seiner Teile ist urheberrechtlich geschützt. Jede Verwertung außerhalb der engen Grenzen des Urheberrechtsgesetzes ist ohne Zustimmung des Verlages unzulässig und strafbar. Das gilt insbesondere für Vervielfältigungen, Übersetzungen, Mikroverfilmungen und die Einspeicherung und Verarbeitung in elektronischen Systemen.

Gestaltung und Design Enikö Merkel
Druck und Bindung Verlag Lindemann
Offset & Digitaldruck Offenbach

ISBN 9-783981-369427

Eine kluge Frau hat tausend Fallen
(Thailändische Weisheit)

You care for me...
I love you
(Wenn Du für mich sorgst, dann liebe ich dich.)

Kapitelfolge

Vorwort	6
You care for me, I love you	8
Die Motivation - vom Reisfeld ins Rotlicht	12
Liam erzählt von ihrer Arbeit als Barlady	14
Wang erzählt von ihrer Unschuldsmasche	17
Verschollen	20
Der wahre Grund	22
Die Scheinschwangerschaft	25
Abgezockt	27
Späte Einsicht	32
Vermittlung per Katalog	34
Legal, illegal, scheissegal	42
Die Gastarbeiterinnen	45
Nachschub aus den Grenzgebieten	46
Verliebt, verlobt, verheiratet	48
Der Umgang mit den Thailadies	52
Endlich ausgewandert	55
They cut their toys	60
Endstation Thailand - Jürgen erzählt	63
Joy erzählt von Deutschland	69
Besser ein Ende mit Schrecken	72
Forenauszüge	81
Nachwort von Manuel Jorge	91

Vorwort

Wenn ich mir die Haare schneiden lassen möchte, gehe ich zum Friseur. Möchte ich eine Currywurst essen gehe ich zum Schnellimbiss. Orangen kaufe ich bei meinem Obsthändler, und meinen neuen Drucker bekomme ich im Mediamarkt oder im Computerfachhandel! Richtig? Wenn ich Liebe suche, gehe ich dann vielleicht ins Bordell? Natürlich nicht... und warum wohl? Weil alle aufgezählten Institutionen nur Dienstleistungen anbieten. Hier wird einfach nur Geld verdient.

Ehrliche Gefühle gibt es nun mal nicht für Geld! Nicht bei uns und nicht in Thailand.

Ich möchte gerne einen Vergleich aufführen, den ich kürzlich in einem Internetforum gefunden habe und der mir besonders gut gefiel.

Gary aus Manchester meinte, dass sich die Thaigirls mit Automaten vergleichen ließen. Mann bekommt nichts, wenn er kein Geld einwirft. Um so mehr Geld in den kleinen Schlitz wandert, desto mehr bekommt er auch. Wer sich verpflichtet, in regelmäßigen Abständen Geld einzuwerfen (you care for me... im Sinne von: wenn du für mich sorgst), der bekommt nicht nur körperlichen Einsatz sondern, wenn auch nur zum Schein, Liebe. I love you - dann liebe ich dich.

You care for me - i love you

und zwar genau so lange bis der Goldesel "Farang" entleert ist. Das kann durchaus Jahre dauern Selbst wenn man den Automat geleast , und zuhause ins Wohnzimmer gehängt hat, will dieser regelmäßige Zahlungen. Kaum im Hause aufgehängt und durch regelmäßiges Geld einwerfen in Betriebsbereitschaft gehalten, verlangt dieser Schluckspecht mindestens einmal im Jahr eine Generalinspektion. Nein, nein nicht vor Ort, das Teil muss zur Wartung in die heimatliche Werkstatt. Ohne wenn und aber.

Dafür sollte sich der Betreiber rechtzeitig ein gut bestücktes Servicescheckheft zulegen. Vergisst er das, kann es schnell passieren, dass sich der immer gut gelaunte, stets hungrige kleine Geldfresser im Handumdrehen in ein ordinär schreiendes schwarzes Loch verwandelt.

Die folgenden Berichte, Stellungnahmen und Erzählungen sollen einen spannenden Einblick in den thailändischen Heiratsmarkt und damit auch in das allgegenwärtige Rotlichtmilieu geben. Gleich vorab sei gesagt, dass es selbstverständlich "Farang heiratet Thaigirl - Ehen" gibt, die seit vielen Jahren, je nachdem in Europa oder Thailand, harmonisch funktionieren. Solche glücklichen Paare findet man aber eher selten.

You care for me – I love you

Um gleich einen authentischen Einblick in ein übliches Verhältnis zwischen einer Langnase, einem Farang also, und einer Thailady zu bekommen, erzähle ich diese wahre Begebenheit, die mir mein Freund Walter und dessen Frau June erzählten.

Walter lebt seit 12 Jahren in Rayong und ist mit der bildhübschen Thailänderin June verheiratet. Die beiden verbrachten ein Wochenende auf der Insel Samet, um etwas die Seele baumeln zu lassen. Sie checkten Samstagmorgen in einer Bungalowanlage ein, die von einem Schweizer betrieben wird. Um direkt am Strand zu frühstücken, setzten sie sich an einen Tisch, an dem bereits ein molliger Farang und eine etwa 25 jährige zierliche Thai unter einem freundlich gelben Sonnenschirm saßen. Mit einem gelächelten „Morning" nahmen sie Platz. „German?" "Ja", quittierte Walter. „Und das ist June". „Hallo, sagen Sie einfach Edi zu mir. Zuhause in Hagen nennen mich alle so. Und das ist Nok, meine Freundin. Schnell kamen Walter und Edi sowie Nok und June ins Gespräch. „Zweimal im Jahr, wenn ich mich von der Arbeit losreißen kann, treffen wir uns. Ich schreibe ihr ne Mail, und sie kommt dann zuverlässig und treu wie ein Dackel zum Airport", legte Edi los. "Seit vier Jahren geht das schon so. Macht echt Laune. Die Gefahr, sich mit irgendeiner Krankheit anzustecken ist sehr gering, da ich meine Süße nie betrüge. Wer sich hier laufend eine andere ins Bett holt, ist schlecht beraten.

Hier kann man sich alles holen, auch Aids. Ich hab hier sogar schon Neger gesehen! Ich meine, die Krankheit soll doch angeblich aus Afrika kommen!" „Und wenn du nicht da bist? Hast du soviel Vertrauen in sie, oder bringst du immer `ne Anstaltspackung Kondome aus Deutschland mit? Da wäre ich sehr vorsichtig," entgegnete Walter mit einem homöopathischen Grinsen. „Kondome? Hm, ich merk schon, du kennst dich in der Branche nicht aus. Pass mal auf!" konterte Edi so selbstsicher, dass Walters erster Gedanke war: Und jetzt erklärt er mir, wie man einen Pudding an die Wand nagelt. „Nein, bei Ihr brauche ich keine Kondome! Woher sollst du als Neuling das denn auch wissen. Hier in Thailand braucht man genaue Kenntnisse über die Mentalität der Menschen, besonders bei den Ladies! Die Mädchen werden hier so erzogen, dass sie bei der Wahl ihres Partners in erster Linie auf Weisheit und Erfahrenheit achten. Diese Männer sind eben nun mal älter. Nein, die Mädchen hier wollen keinen Halbstarken als Freund. Schau dich doch mal in Pattaya um. Was siehst du da? Ältere Männer mit jungen Hühnern, so ist das hier halt!" „Verstehe!" bestätigte Walter. „Insiderwissen, Insiderwissen!" nickte Edi großspurig zurück. „June ist nicht mehr so jung. Ich dachte, besser etwas älter, bevor man noch Ärger mit der Polizei bekommt", begründete Walter.

„Ja, wahrscheinlich hast du recht. Aus dieser Perspektive hab ich mir noch nie Gedanken gemacht", bluffte Walter verständnisvoll weiter. Aber June ist dafür recht erfahren und versteht ihr Geschäft, wenn du weißt, was ich meine!" Edi nickend zustimmend. Als Bestätigung eines welterfahrenen Insiders kniff er dabei sein rechtes Auge zu.

„Noch mal, und du glaubst wirklich, dass deine Freundin die ganze Zeit über treu ist, wenn du nicht da bist? Was macht dich denn da so sicher? Du weißt doch, wie Frauen in diesem Alter sind. Ich meine, du glaubst wirklich, dass ausgerechnet deine Freundin anders ist?" „Ja, aber ich bin ja kein kleiner Dummer, das hast du sicher schon gemerkt. Ich habe vorgebaut und mich abgesichert. Wenn ich in Deutschland bin, schicke ich ihr jeden Monat 8.000 Baht.

Davon kann sie recht gut leben und braucht nicht in der Bar zu arbeiten. In der Bar von Betrunkenen angegrapscht und angegafft zu werden, hasst sie wie die Pest. Das ist für mich wie ne Art monatlicher Versicherungsbeitrag. Sicherheit für relativ wenig Geld. Merkst du was? Geschlechtskrankheiten sind für mich überhaupt keine Thema. Außerdem hat sie mir mit Tränen in den Augen versprochen, keinen anderen Mann anzufassen. So macht man das!" „Ein kleiner Dummer ist er wirklich nicht, aber halt ne große, teutonische Schrottfresse! Der schnallt ja in seiner Überheblichkeit gar nichts!" stöhnte Walter in sich hinein.

"So, jetzt gehen wir erst mal an den Strand etwas planschen und etwas sonnenbaden, da ist sie immer ganz scharf drauf. Gegen Nachmittag geht es zurück ins Hotel... -Novotel. Wir wohnen immer da. Dann braucht Noi auch nicht den stinkenden Fraß von den Garküchen auf der Straße zu essen. Und der Dreck überall uäääh!! Da kann man sich leicht die Krätze holen und alles andere natürlich auch!"

Mit diesen Worten verschwanden beide Richtung Meer. „Komischer Vogel." June lächelte verschwörerisch zurück. „Wenn ich dir das erzähle, lachst du dich tot! Das Flittchen dachte doch tatsächlich, du wärst mein Freier. Sie bewunderte meinen Ring und fragte mich, wieviel ich denn von dir pro Tag bekomme. Ich sagte 1.600 Baht. Worauf sie mich anstarrte, als säße ein Gespenst neben mir. Ich sage dir, von jetzt ab hat der schlaue Edi keine ruhige Minute mehr. Jeden Tag würde Edi sie zwingen, mit ihm den langweiligen Farangfraß im Hotel zu essen.

Außerdem müsse sie immer mit an den Strand und in die Sonne. Da nütze auch die beste Lightningcreme nichts mehr. Sie müsse das alles wegen ihrer Kinder und ihrer Eltern machen. Das monatliche Geld von den Farangs wäre neben ihrer Arbeit in der

Bar wie ein zweites Gehalt. Ihre Freundinnen hätten sie auch schon ausgelacht. Edi würde in seinen kurzen Hosen und seinen üppig behaarten Beinen aussehen wie ein glatzköpfiges Hängebauchschwein mit zwei Spinnenfüßen im Hawaiihemd.

Dennoch, sie hoffe, dass Edi noch viele Jahre zu Besuch kommt. In letzter Zeit mache sie sich allerdings Sorgen um seine Gesundheit.

Er rauche und trinke viel zu viel, und seit kurzem nimmt er, immer wenn er geil ist, so eine blaue Tablette. Sie wolle später noch zum Tempel gehen und Buddha bitten, dass ihr Schweinchen noch lange lebt und noch viele Jahre zu Besuch kommt und natürlich, dass er weiterhin monatlich, wie die beiden anderen Farangs, das schöne Geld überweist."

Die Motivation - Vom Reisfeld ins Rotlicht

In Thailand muss niemand hungern. Es gibt aber einen enormen Einkommensunterschied zwischen den Touristenorten, dem recht reichen Süd – und Zentralthailand und dem Norden und Nordosten.

In Reiseführern werden diese Gegenden oft auch als Armenhäuser Thailands bezeichnet. Wenn ein Mädchen aus den armen ländlichen Gebieten, das Europa, wenn überhaupt, nur aus dem Fernsehen kennt, eine Bar betritt, ist es für viele bereits zu spät. Die Unmenge Geld, welche hier fließt, lässt die meisten schwach werden. Die Farang bezahlen für ein Bier soviel, wie der anstrengende Tag auf dem Reisfeld einbringt. Geld im Überfluss. Um einen Teil von dem Geldfluss zwischen Farang und der Bar abzuzweigen, bedarf es dann nur noch eines simplen „Yes!", vielleicht eine viertel bis dreiviertel Stunde die Beine breit zu machen, und ein bisschen dazu stöhnen. Dann ist sie stolze Besitzerin von 800 bis 1.500 Baht, je nachdem. Hat das Mädchen einmal damit angefangen, ist der Teufelskreis perfekt. Ein neues Handy, ein Paar neue Schuhe, und im Handumdrehen ist der Verdienst ausgegeben. Da diese Mädchen nie gelernt haben, mit Geld umzugehen,- woher denn auch, sind sie permanent pleite und müssen wieder anschaffen gehen.

Hat die Familie einmal Wind von dem neuen Wohlstand der Tochter bekommen, muss diese mit monatlichen Überweisungen beteiligt werden. Luxusgüter werden angeschafft. Natürlich auch ein Fernsehgerät. Genau dieses Fenster zur weiten Welt läuft dann 24 Stunden rund um die Uhr und zeigt jedem Familienmitglied, was es alles besitzen muss, um wer zu sein. Die Thais leben immer nur im Moment.

Heute Sanuk (Spaß) haben, daran wird die Lebensqualität gemessen. Rücklagen für schlechte Zeiten sind weitgehend unbekannt. Ist kein Geld mehr da, muss neues her. Darüber hinaus haben Begriffe wie Zuverlässigkeit, Sparsamkeit und auch Dankbarkeit einen relativ geringen Stellenwert. Die Familie hingegen steht ganz oben in der Wichtigkeitsscala.

Einmal regelmäßig im Geschäft, haben die meisten schon bald mehrere Boyfriends rund um den Globus. Viele dieser Freunde schicken regelmäßig Geld. Es ist durchaus nichts Ungewöhnliches, dass ein Farangfreund mit Abschiedstränen in den Augen zum Heimflug gebracht wird, um danach in der Ankunftshalle den nächsten Lover mit Freudentränen in den Augen zu begrüßen.

Ein großer Anteil der Ladies aus dem Rotlicht muss anschaffen, weil das Geld für die Kinder sonst nicht reicht. Der Erzeuger ist meist auf nimmerwiedersehen verschwunden. Die Kinder wohnen dann bei den Eltern, während sich die Mutter um die Finanzierung des Lebens und der Ausbildung kümmert. Farangs sind in der Auffassung der Thais enorm reich... die reinsten Goldesel und sind somit eine einfache, geniale Lösung aller Finanzprobleme. Man kann hier durchaus von einer völlig fremden Person eindeutige Heiratsangebote bekommen. Es gibt auch Fälle, in denen Eltern ihre minderjährigen Töchter älteren Farangs anbieten, nur um ihre finanziellen Probleme zu lösen.

Letztlich ist es die Entscheidung des Mädchens, ob es auf dem Reisfeld arbeiten, Textilien verkaufen will oder den bequemen Weg gehen möchte.

Liam erzählt von ihrer Arbeit als Barlady

Um aus erster Hand zu hören, was eine Thailady denkt und empfindet, wenn sie jede Nacht ihren Körper in Pattaya, Bangkok oder auf Phuket zum Kauf anbietet, beschloss ich, June, die Frau meines Freundes Walter, loszuschicken, um mal "unter Frauen" sozusagen, einem dieser Mädchen ihre Geheimnisse zu entlocken. June machte sich also in der openair Bar des Nanahotels in Bangkok auf die Suche. Für eine Gage von 300 Baht und ein Glas Cola fand sich schnell ein Mädchen, das bereit war, ihre Geheimnisse preis zu geben.

June bat sie, sich erst einmal vorzustellen und dann alles Wichtige aus ihrem Leben als Prostituierte zu erzählen, und sie legte los wie ein Wasserfall!

„Ich heiße Liam und bin 22 Jahre alt. Ich wohne seit 2 Monaten in einem kleinen Zimmer in der Soi 4. Geboren bin ich im Isaan im Norden des Landes. Ich gehe mit den Farang, weil meine Eltern bettelarm und seit der schlechten Reisernte vor drei Jahren hoch verschuldet sind. Ohne das Geld, das ich, so oft es geht, nach Hause schicke, würden meine Eltern nie wieder aus dem Schuldensumpf herauskommen. Ich bin durch mein Verhalten zwar keine gute Buddhistin, aber eine gute Tochter. Ich vermute, dass meine Mutter weiß, woher das ganze Geld stammt, aber ich verdränge das. Wir haben nie darüber gesprochen. Es ist besser so.

Meistens ist meine Arbeit recht lustig. Besonders, wenn viele Japaner da sind. Die Japaner bezahlen immer, was ich verlange und brauchen nicht lange. Da bekomme ich für ne "Shorttime" problemlos 3.000 Baht. In der Regel gibt es für eine "Shorttime" aber nur zwischen 500 und 1.500 Baht. Ja, die Japaner sind mir am liebsten. Wenn das Geschäft nicht so gut läuft, muss ich schon auch mal mit Arabern gehen. Die riechen streng und sind oft sehr brutal.

Da zähle ich die Sekunden, bis es vorbei ist. Mit Deutschen und anderen Europäern ist es ganz anders. Die rasten schnell aus, protzen mit ihrem Geld und sind sehr dumm.

Wenn ein normaler Handwerker aus Deutschland sein Monatsgehalt in Baht eintauscht, dann bekommt er 250.000 Baht. Er braucht wie bei uns ungefähr 5.000 Baht für Miete und Lebensunterhalt. Dann bleiben ihm 245.000 Baht zum Vergnügen. Die Frauen arbeiten ja in Deutschland auch sehr oft, und dann ist auch das doppelte Geld da, verstehst du?

Die haben dann fast eine halbe Million Baht im Monat und brauchen nur 5.000 auszugeben!

Es gibt ab und zu auch Perverse. Letzen Monat hatte ich einen Schweden. Er war sicherlich über vierzig. Der wollte mich fesseln, damit er sich an mir bedienen kann. Ich habe erst abgelehnt. Er war aber sehr nett und hat mich mit Geld dann doch rumgekriegt. Wir gingen ins Amari, wo er in einer prunkvollen Juniorsuite wohnte. Als ich, nur mit dem weißen, großen Handtuch umhüllt, aus dem Badezimmer kam, musste ich mich vor ihn hinknien. Dann fesselte er meine Füße und Hände und verband mir die Augen. Er fing von hinten an, an mir rumzufummeln. Erst zärtlich, dann bis zum Schluss immer härter. Das Ganze hat mindestens eine Stunde gedauert. Danach haben wir uns noch ein paarmal getroffen. Der Schwede hat jedesmal 2.500 Baht bezahlt. Aber, wie schon gesagt, das kommt nicht so oft vor.

Je nachdem, je älter der Kunde desto mehr Überwindung kostet mich das. Also steigt auch der Preis. Wenn mir einer sehr gut gefällt, dann verlange ich auch mal kein Geld. Dafür muss er es auch mir besorgen, dann will auch was davon haben. Mit der Zunge hab ich es am liebsten. Das ist allerdings erst dreimal passiert. Die Männer waren leider alle schon verheiratet. Seit zwei Jahren habe ich einen Farang aus Schottland. Der kommt aber nur zweimal im Jahr für 2 Wochen. Er schickt jeden Monat etwas Geld. Seit ein paar Tagen habe ich auch noch einen thailändischen Freund. Es fällt mir so schwer, allein zu sein. Meinem schottischen Freund Clint werde ich irgendwann erzählen, er wäre mein Bruder.

Wenn mal eine Zahlung ausbleibt, gehe ich mit meiner Freundin ins Internetcafé. Meine Freundin war 2 Jahre in Australien verheiratet und kann ganz gut englisch schreiben. Ich brauche Clint nur zu mailen, dass ich krank bin und Geld für Arzt und Hospital brauche. Wenn er dann nicht schnell Geld schickt, mach ich Stress. Ich schreibe ihm dann, dass er mich nicht mehr liebt und mir nichts anderes übrig bleibt, als wieder in die Bar zu gehen. Irgendetwas, was ihm ein schlechtes Gewissen macht, fällt mir da schon ein. Das funktioniert.

Wenn ich erzählen würde, dass meine Eltern das Geld brauchen, würde er nichts schicken. Das hab ich schon ausprobiert. Vielleicht werde ich Clint heiraten und eine kleine Bar auf Samui aufmachen. Das wäre mein Traum. Jetzt muss ich leider gehen, meine Arbeit beginnt um fünf. Wenn ich zu spät komme, bekomme ich richtig Ärger mit der Mama-san.

Wang erzählt von ihrer Unschuldsmasche

Es gibt auch Mädchen, die am schnellen Shorttimegeschäft nicht interessiert sind. Denen geht es nicht um ein paar schnelle hundert Baht. Diese Ladies versuchen mit System an Geldsummen einer völlig anderen Liga heranzukommen. Das hat natürlich auch seinen Preis und kann im schlimmsten Fall vier Wochen „Leid ertragen" bedeuten.

„Ich bin Wang, 28, und in Bangkok geboren. Nein, ich möchte nicht als „bitch" erkannt werden. „Shorttime" war noch nie mein Ding. Außerdem habe ich Angst davor, Aids zu bekommen, wenn ich jeden Tag mit einem anderen Farang ins Bett gehe. Vor einer Woche hatte ich mal wieder Glück.

Im voll besetzten Skytrain ließ ich mich von einem Farang anrempeln. Er entschuldigte sich. Wir tauschten ein paar belanglose Sätze, dann lud er mich auf einen Cappuccino ein. So heißt das Getränk, glaube ich. Im Starbucks auf der Sukhumvit textete er mich derart zu, dass ich einen steifen Hals vom Nicken und Kopfschütteln bekam.

Er heißt Helmut und kommt aus München. Er war einmal in Deutschland verheiratet und schwer enttäuscht worden. Jetzt suche er die wahre Liebe in Bangkok, wo es so viele bezaubernde Mädchen gibt. Bis jetzt habe er aber nur Mädchen kennen gelernt, die sein Geld wollten. Na ja, dann kann es ja jetzt losgehen. Dachte ich. Ein Fall für Wang sozusagen. Ich erkannte sofort, das ist genau mein Kandidat. Er wird mein Goldesel werden. Ich erzählte ihm, ich arbeite aushilfsweise im Friseursalon meiner Mutter. Im Moment hätte ich ein paar Tage frei.

Ich erzählte von meinem intakten Elternhaus und von meinem Universitätsabschluss, den meine Eltern finanziert hätten. Von meinen Berufszielen als Lehrerin und dass ich bereits eine Anstellung in einer Schule in Bangkok in Aussicht habe. Ich versetzte ihn in den Glauben, dass ich aus einer gebildeten, Mittelstandsfamilie komme. Das ist bei meiner Methode sehr wichtig. Bildung und ein ordentliches Umfeld, wenn man in Bangkok nicht in Rotlichtverdacht kommen will. Ich habe in der Soi 11 ein kleines, schön eingerichtetes Appartement. Um auch den letzten möglichen Zweifel zu beheben, führte ich Helmut dort hin.

Ich hab viel Geld da hineingesteckt. Die meisten meiner Bekannten verzocken und versaufen ihr Geld, oder sie kaufen teuren Schmuck und coole, neue Handys. Es gehört mir, nicht gemietet. Mein Geld wird anders angelegt. Helmut war problemlos zu überzeugen. Anfangs sagte ich ihm nur, dass ich ihn mag. Gleich am Anfang „I love you so much!" zu sagen wäre ein katastrophaler Fehler. Ich habe ihm in den ersten Tagen auch nur auf die Backe geküsst. Mehr war nicht erlaubt.

Um ihn bei der Stange zu halten, hab ich mir gestern keinen BH angezogen. Ich hab mich dann ein paarmal so gebückt, dass er in meinen Ausschnitt schauen konnte. An der Beule in seiner Hose konnte ich sehen, dass meine Masche funktioniert hatte. Es kostete mich aber viel Überwindung. Ich war jeden Tag mit ihm am Hotelpool. Leider wurde auch unter dem Sonnenschirm meine Haut immer dunkler. Ich könnte ihn dafür hassen. Und den ganzen Tag sein Geschwätz. Ich werde jetzt damit beginnen, gelegentlich kleinere Rechnungen zu bezahlen und ihn auf den Mund küssen. Man muss die Liebe langsam wachsen lassen. In der letzten Woche darf er dann beim Küssen mit der Hand an meine Brüste und auch mal unter mein Röckchen fassen.

Am letzten Tag werde ich ihm dann als Liebesbeweis dermaßen einen blasen, dass er es nie wieder vergessen wird. Das wirkt bei Männern wie ein Virus.

Ich werde ihn zum Flughafen begleiten und es ablehnen, wenn er mir Geld für die Rückfahrt mit dem Taxi anbietet. Beim letzten Abschiedskuss werde ich ihm ins Ohr flüstern, dass ich jetzt mit meinen Gefühlen so weit bin, dass ich beim nächsten Wiedersehen mit ihm schlafen möchte. Das wird funktionieren. Ich habe ihm außerdem erlaubt, ein paar sexy Fotos am Hotelpool von mir zu machen. Fantasiefutter sozusagen. Wenn er weg ist schreibe ich ihm dann mit meinem Übersetzer ein paar Emails, in denen stehen wird, wie sehr ich ihn vermisse. Irgendwann wird er mich nach Deutschland einladen und mir 50.000 Baht für das Ticket schicken. Ich werde ihn glauben lassen, dass ich das Ticket bei Thai Airways gekauft habe und wie sehr ich mich nach dem Tag des Wiedersehens sehne.

Eine Woche vor dem Flug schreibe ich ihm dann, dass es wohl mit dem Treffen vorerst nichts werden wird, da meine Mutter schwer erkrankt ist und eine Tumorbehandlung im Hospital sehr teuer sei.

Er wird mir dann nach einigem Beteuern an seine Liebe und Gefühle zu mir weitere 80.000 Baht für die Behandlung „leihen." In der Hoffnung, dass dann der zugesagte Deutschlandbesuch doch noch klappt, wird er das Geld per Western Union Blitzüberweisung schicken.

Perfekt! Meine Haut ist bald wieder heller, und ich habe nicht einmal hinhalten müssen!" beendet Wang mit einem kühlen, raffinierten Lächeln, an dem ihre tiefbraunen Mandelaugen nicht teilnahmen.

Verschollen?

Wer sich oft in seinen Stammbars aufhält, dem muss auffallen, dass oft Mädchen, die abendlich an der Stange tanzten, plötzlich verschollen sind. Nicht alle dieser Mädchen sind auf einen Besuch nach Hause gefahren oder haben ihren Goldesel fürs Leben gefunden.

Oft haben sich die Ladys einfach „verändert." Nicht alle versaufen und verzocken ihr Tageshonorar. Es gibt auch Mädchen, die Geld ansparen, um, wenn die Zeit gekommen ist, einen kleinen Supermarkt, einen Friseursalon oder ein Internetcafé zu eröffnen. Viele bleiben aber in der Branche in der sie sich auskennen. Im Rotlicht. Der Unterschied zu früher besteht darin, dass sie dann der Boss ist. Kein Kuschen mehr vor der Mama-san. Von nun an selbst der Boss zu sein, bedeutet für die Aussteigerin einen enormen Gesichtsgewinn.

Einige, die des Englischen mächtig sind, vielleicht schon mal in England, Irland oder Australien verheiratet waren, nutzen das Internet, um mit ihren einschlägigen Erfahrungen im Umgang mit den Farang fündig zu werden.

Anders als bei dieser Kontaktannonce:

„Akademikerin mittleren Alters sucht attraktiven, kräftigen Mann mittleren Alters mit Pferdeschwanz, (Frisur egal!)"

Ist die Absicht dieser Damen genau umgekehrt. Großer dicker Geldbeutel, mit stattlichem Bankkonto gesucht! Alter und Aussehen egal. Das trifft hier genau ins Schwarze.

Mittlerweile haben ganz clevere Aussteigerinnen Internetplattformen, die zur Partner - und Heiratsvermittlung dienen, programmieren lassen. Durch die Vermittlungsprovisionen kommen horrende Beträge zusammen.

Auf dieser Plattform bietet die Jungunternehmerin natürlich auch Links an, die zu weiteren Verdienstmöglichkeiten führen. Alle bekannten Arten, mit Internetsex Geld zu machen, werden hier ausgeschöpft. Von kleinen Filmchen bis zu Wunschstrips von Kandidatinnen, die der Voyeur vorher aus einer Palette von Mädchen aussuchen kann.

Es soll einen Fall in einem Guesthouse auf Phuket gegeben haben, wo man sich gegen Einmalzahlung pro Stunde oder eine Mitgliedschaft direkt live ins Zimmer der Wunschlady einwählen konnte. Alle Zimmer waren wie bei Formel 1 mit mehreren Kameras ausgestattet. Wie beim Einkauf bei „Amazon" konnte man direkt eine Lady, die man besonders gut fand, in den Warenkorb legen. Den Preis für das Treffen wurde durch anklicken verschiedener Dienstleistungen selbst bestimmt. Die Preisliste begann bei 300 Baht und erreichte mit 5.000 Baht sein oberes Limit. Wie beim Buchen einer Flugreise konnte man auch direkt überprüfen lassen, ob der gewünschte Tag und die Uhrzeit noch zu haben sind.

So konnte der sexhungrige Kunde bereits Tage vor Abflug sein Freizeitprogramm bequem vom Wohnzimmer aus gestalten. Viele Aussteigerladys halten das Unternehmerdasein jedoch nicht lang durch und kehren bald wieder an die gewohnte Chromstange zurück. Die Mädels nehmen solch eine Niederlage nicht allzu schwer, schließlich ist das meiste im Leben ja sowieso vorherbestimmt, und wenn's in diesem Leben nicht klappt, dann vielleicht im nächsten.

Der wahre Grund

Der Traum vom schönen Leben, genug Geld für sich und natürlich für die Familie zu haben, verleiht der Fantasie so manchen Mädchens Flügel. Das folgende Beispiel verdeutlicht, worum es in der Regel bei heiratswilligen Thaimädchen geht. Die Suche nach dem reichen Traumprinzen beginnt oft mit einer Heiratsannonce:

Hallo, ich bin Nud, 29 Jahre alt 44 Kilo, 1,66 m. Ich bin immer gut gelaunt, zärtlich, habe ein angenehmes, ruhiges Wesen und bin hundertprozentig treu. Ich sehne mich nach einem liebevollen Partner fürs Leben. Vielleicht kommst du ja aus der Schweiz, aus Deutschland oder Frankreich. Hauptsache, du sehnst dich auch nach Liebe und Geborgenheit so wie ich. Zusammen könnten wir einen neuen Anfang wagen!

Ich würde dir auch gerne mein Land, die freundlichen Menschen und natürlich meine Familie vorstellen. Wir könnten auch in deinem Land wohnen. Ich habe schon als Kind von fremden Ländern geträumt. Fremde Völker und Kulturen faszinieren mich.

Ich freue mich auf dich, deine starken, zärtlichen Hände und ein Leben mit dir. Schreib mir oder melde dich, ich werde dich nicht enttäuschen. Deine sehnsüchtig wartende Nud.

Diese Annonce wurde natürlich von einem Profi übersetzt. Was aber steckt wirklich hinter diesen Worten?

Wenn Sie im Reisekatalog in der Hotelbeschreibung lesen: "Ein Treff für lebenslustige, gut gelaunte Menschen", können sie davon ausgehen, dass bis in die Morgenstunden mit Lärmbelästigung aller Art zu rechnen ist."

Ich habe diese Heiratsanzeige mal zwischen den Zeilen gelesen.

Jetzt klingt das so:

Ich bin Nud, 35 Jahre alt, 55 Kilo, 1,55 m mit einem Baby. Da der Vater seit der Geburt nicht mehr aufgetaucht ist, suche ich einen von diesen Farangdeppen, die in Massen jedes Jahr nach Thailand kommen, um mit Geld um sich zu werfen. Hauptsache, du bist alt, hast viel Kohle und bist bereit mich, mein Kind und meine ganze Familie auszuhalten. Wenn du nicht aus Thailand, sondern aus irgend einem anderen Land kommst, wäre das auch kein Problem. Thailand wäre mir jedoch lieber, weil es hier einfacher für mich ist, dich über den Tisch zu ziehen. Ich bin mir sicher, nach ein paar Jahren haben wir dann alle ausgesorgt. Ich würde es auch sehr begrüßen, wenn du noch nichts über mein Land wüsstest und weder Englisch noch Thai sprechen könntest. Dann könnte ich mit meinen Freundinnen immer über dich lachen.

Ich bin es satt, jeden Tag für ein paar Baht die Beine breit zu machen. Ich hasse es, wenn mir der alte Farangsack dabei mit seiner Alkohol- und Zigarettenfahne ins Ohr röchelt. Mein zockender, nichtsnutziger Ehemann, findet auch, dass ich allmählich für diesen Scheißjob zu alt werde, das merke er schon daran, dass ich immer weniger Geld nach Hause bringe. Am wichtigsten ist jedoch, dass du dich ganz schnell meldest. Meine Familie hat hohe Schulden bei den geldgierigen Banken, und meine Brüder bräuchten dringend neue Mopeds. Um so schneller du dich meldest, um so eher könnten wir damit beginnen, dein Geld auszugeben. Deine faule, gierige Nud

Ich möchte keinem Thaimädchen aus dem Rotlichtmilieu zu nahe treten, aber meine langjährigen Recherchen, Erfahrungsberichte von Bekannten und aus dem Internet kommen immer wieder zu ähnlichen Ergebnissen.

„Drum prüfe wer sich ewig bindet!"
Das wusste „Schiller" und bereits die alten Römer.

Die Scheinschwangerschaft

Hi Mike, Ich habe schon seit Monaten nichts mehr von dir gehört. Ich bin schwanger und bekomme das Kind schon in ein paar Wochen. Wir waren vom 21.März bis 16.April immer zusammen und haben jeden Tag Sex gehabt. Da ich jetzt im siebten Monat schwanger bin, kannst nur du der Vater sein. Du wirst also schon bald Daddy.

Ich hoffe, du erkennst das Kind an, sonst muss ich rechtliche Schritte gegen dich einleiten. Außerdem werde ich natürlich auch deine Familie um Hilfe bitten. Ich möchte nur die Kosten für eine Geburt in einem guten Hospital von dir. Schließlich ist es auch dein Kind.

Der Krankenhausaufenthalt wird etwa 20.000 Baht kosten. Mehr will ich gar nicht. Wenn das Geld da ist, werde ich mich nie wieder bei dir melden. Und dich für immer in Ruhe lassen. Das verspreche ich dir. Wenn du nicht schell reagierst, werde ich dir große Probleme bereiten.
Gruß Zita
P.S.
Meine Bankverbindung ist: usw.

Solche Drohbriefe, die nur ein Ziel verfolgen, nämlich in kurzer Zeit an einen größeren Geldbetrag zu kommen, müssen nur einmal von einem Übersetzer verfasst werden. Dann lässt sich der Empfängername, und der Zeitraum der Zeugung individuell austauschen.

Diese Briefe werden dann Jahr für Jahr mehrere Male an die Farangkunden geschickt. Angesichts des für einen Europäer geringen Betrages bezahlt, der überrumpelte Farang in der Regel die geforderten ca. 400 Euro. Ein lohnendes Geschäft, wenn man bedenkt, dass eine Kaufhausangestellte mit 5.000 Baht Monatslohn auskommen muss.

Abgezockt

Robby erzählt:

Wenn ich heute auf meine letzten zehn Jahre zurückschaue, sehe ich einen Scherbenhaufen, bestehend aus einer Mischung von finanziellem Verlust, betrogenen Gefühlen, verletztem Stolz und großer Traurigkeit. Jetzt weiß ich: Wer mit einer Thai zusammen ist, kann sich nie sicher fühlen. Meine Geschichte mit Liz begann auf Ko Samet in einer kleinen Bungalowanlage.

Sie arbeitete dort als Zimmermädchen. Immer, wenn ich am Morgen vom Frühstücken kam, putzte und schrubbte sie meinen Bungalow streng nach Anweisungen des Besitzers. Sie musste eine komplette Liste abarbeiten. Wenn ich reinkam, zwitscherte sie mit ihrem hohen Stimmchen. "Monin, Monin no Plomlem, no Plomlem." Sie war damals gerade 19 Jahre alt. Ein zartes, sanftes Püppchen mit dem Lächeln eines Menschen, dem nichts auf der Welt hätte etwas anhaben können. Kurz gesagt, wir kamen zusammen, ich verlängerte meinen Urlaub um eine Woche und zog ein halbes Jahr später ganz nach Thailand.

Wir waren das, was man als „Grosse Liebe" bezeichnen kann. So dachte ich zumindest. Wir bewohnten 4 Jahre lang eine Wohnung in Rayong direkt an der Strandstraße. Dann wurde ihr Vater krank, und Liz drängte immer öfter mit dem Wunsch, in ihr Heimatdorf zu ziehen.

Sie wollte unbedingt mehr Zeit mit ihrem Vater und der Familie verbringen. Ich gab ihrem Drängen schließlich nach, und wir zogen nach Phetchabun in ihre Heimatprovinz. Zunächst wieder in eine Wohnung, dann entschloss ich mich, ein Haus zu bauen.

Es wurde für thailändische Verhältnisse ein absolutes Traumhaus mit Einbauküche, Satellitenanlage, Granitfußboden und nagelneuen Möbeln. Ich hatte zu diesem Zeitpunkt schon viele Artikel darüber gelesen, wie Ausländer von Thaifamilien um ihr Hab und Gut gebracht wurden. Man kann solche Fälle immer wieder in einschlägigen Internetforen, aber auch in deutschsprachigen Zeitungen wie „Der Farang" oder im „Wochenblitz" lesen. Ich gründete eine Firma, um zu vermeiden, dass sich irgendwann die Familie von Liz das Prunkstück unter den Nagel reißt. Dort wohnten wir ein paar Jahre recht glücklich. Liz konnte ihre Familie und ihre Freundinnen, Freunde und Bekannte aus vergangenen Tagen besuchen und kümmerte sich vorzüglich um die Ordnung im Haus. Genau so, wie sie es in der Bungalowanlage, wo wir uns das erste Mal trafen, gelernt hatte. Liz bekam dafür jeden Monat 7.000 Baht Taschengeld.

Eines Tages erzählte mir Liz von einer tollen Idee: Sie meinte, sie hätte von einem Onkel Land geerbt und bot an, dort noch ein weiteres Haus zu bauen. Ich war erst skeptisch, aber eigentlich war der Vorschlag gar nicht so schlecht.

Es gab ja für mich praktisch nichts mehr zu tun. Das Haus stand, Liz hielt es in Schuss, und ich pendelte zwischen Fernseher, Esstisch und Nichtstun. Bedenklich war jedoch, dass ich mir immer öfter schon am Vormittag ein Bier gönnte. Einzig und allein im Garten hätte ich mich mehr engagieren können.

So entschied ich, mich der neuen Herausforderung zu stellen. Liz schlug vor, dass ihre Familie das Haus in Eigenleistung bauen würde, ich bräuchte mich nur um die Finanzierung zu kümmern. Da ich noch etwas Geld als Reserve auf der Bank hatte, gab ich mein "Ok." Ich verkaufte unser jetziges Haus, während die Familienangehörigen innerhalb von 4 Monaten das Haus hochzogen.

"Hochzogen!" Ja, gelinde gesagt. Die handwerklichen Leistungen meiner Wahlfamilie waren so erbärmlich, dass ich weitere 200.000 Baht in eine Baufirma investieren musste, um die ganzen Mängel zu beseitigen. Dafür ging allerdings auch ein Teil des Geldes drauf, von dem ich mir eigentlich eine saftige Rücklage schaffen wollte. Das war wohl der folgenreichste Fehler, den ich je gemacht habe. Alle Erkenntnisse, die ich mir erlesen hatte, Erfahrungsberichte von anderen gehörnten Farangs, die wegen einer Thaiehe Haus und Geld verloren hatten, waren nicht beachtet worden. Mein neues Haus steht jetzt auf ihrem Grundstück, somit hatte ich, rechtlich gesehen, keinerlei Anspruch mehr.

Nach den vielen liebevollen Jahren mit Liz kam dann plötzlich alles noch katastrophaler, als es mir in den schlimmsten Albträumen hätte passieren können. Der Exodus kam schleichend wie auf Raten.

Es begann damit, dass Liz erst kaum noch, dann gar nicht mehr mit mir redete. Sie ging nie vor 2 Uhr morgens ins Bett und schlief bis Mittag. Irgendwann ignorierte sie mich dann gänzlich. Ich wollte sie zur Rede stellen. Doch sie gab mir das Gefühl, durchsichtig zu sein, drehte sich einfach weg und ging. Das Leben mit ihr war unerträglich geworden. Der Zustand, im eigenen Haus nur geduldet zu sein, war wie ein schleichendes, hinterhältiges Fieber, das nach langem Leiden zum Tod führt.

Im Gegenzug gab ich ihr zum Monatsbeginn kein Geld mehr. Das war der Todesstoß für unsere Beziehung.

"Lieber ein Ende mit Schrecken als ein Schrecken ohne Ende", sagte ich mir und entschied mich für die erste Version, besorgte mir einen Kleinlaster und wollte gerade beginnen, meine Sachen aufzuladen, als Liz plötzlich mit ihrer Mutter, Tante und einem

Polizisten im Türrahmen auftauchte.

Eine endlose Verhandlung mit Liz begann. Schließlich sah sie total genervt ein, dass ich wenigstens das Nötigste mitnehmen musste. Mutter und Tante verhinderten gestenreich, lautstark und gackernd, dass mir mehr als ein paar Sachen bewilligt wurden. Eine Liste der Kleider und Möbel wurde geschrieben.

Liz unterschrieb widerwillig mit einem gekrakelten Schriftzug, den sie vermutlich noch nicht einmal selbst hätte entziffern können. Es war ein völlig emotionsloser Abschied. Ich ging, und sie blieb mit ihrer Familie zurück.

Meine neu erhaltene Freiheit begann in einem kleinen Appartement in Pattaya. Ich wollte mir zumindest für ein paar Stunden am Tag eine Arbeit suchen. Diesmal war das Glück auf meiner Seite. Der Tipp von Paul, einem groß gewachsenen fünfundvierzigjährigen Schotten, den ich an einer der unzähligen Bars kennenlernte, verschaffte mir sofort Arbeit. Bereits am nächsten Tag begann ich Ausflüge an Touristen zu verkaufen. Auf reiner Provisionsbasis. Viele Aufträge, viel Geld. Oder umgekehrt.

Es waren ein paar Wochen ins Land gegangen, meine Arbeit lief recht gut, und neue Freunde hatte ich auch gefunden. Von Thailadies hatte ich erstmal die Schnauze voll. Da passierte ein merkwürdiger Zufall. Siri, Liz ältere Schwester, deren vollständiger Vorname Siriporn lautet, lief mir praktisch vor einer Bar in die Arme.

Sie lächelte mich an, fragte, was ich mache, wie es mir geht und andere belanglose Dinge. Wir setzten uns auf einen Kaffee, dann packte Siri die ganze Wahrheit über ihre kleine Schwester aus. Nein, Liz wohne nicht in dem Haus, Liz wohne in Bangkok. Die Trennung von ihr, den Verlust des Hauses und das ganze Unheil, welches im letzten Jahr auf mich hereingestürzt war, gehe alles auf das Konto der Mutter. Die hätte immer mehr Geld haben wollen. Sie hatte Liz angestiftet, mich aus dem Haus zu ekeln. Jetzt wohne sie mit ihrem neuen Thaifreund im Haus. Mutter hätte Liz nach Bangkok geschickt, um sich einen neuen Farang zu suchen. Sie selbst wäre auch gedrängt worden, ihren Thaifreund zu verlassen und sich einen zahlungskräftigeren Freund zu suchen. Die Mutter hätte öfter versucht, kurzfristig an Geld zu kommen. Einmal hätte sie sogar versucht, mein Motobike zu verkaufen, was allerdings misslang, da ich als Halter und Besitzer eingetragen war. Sie erklärte mir auch, dass, wenn die Tochter mit einem Farang zusammen ist, nicht Söhne und Töchter für die Eltern sorgen müssen, sondern der Farang.

Na Klasse! Siri bedankte sich für den Drink und verabschiedete sich mit einer tiefen Verbeugung. Meine neuen Informationen änderten zwar im Prinzip nichts, aber ich hatte endlich Klarheit.

Späte Einsicht

Ein gehörnter Farang erzählt:

Ich habe meine Frau Nud vor 5 Jahren in Bangkok kennengelernt. Wir haben uns trotz des Altersunterschieds schnell ineinander verliebt und nach 5 Monaten in Hannover geheiratet. Nach der Scheidung von meiner ersten Frau nach 20 Jahren Ehe konnte ich endlich wieder glücklich sein. Mittlerweile sind wir über 4 Jahre verheiratet. Glücklich verheiratet. Dachte ich bis vor kurzem. Ich habe immer für alles bezahlt, auch in der Zeit, als sie eine Ausbildung zur Konditorin machte. Nach ihrem erfolgreichen Abschluss wurde sie von ihrem Ausbildungsbetrieb übernommen und bekam endlich ein ordentliches Gehalt. Nachdem sie bereits zweimal ihren Monatslohn bekommen hatte und ich immer noch alles, alle Einkäufe, Miete, Nebenkosten usw. bezahlte, sprach ich sie auf das Thema an.

Kaum zu glauben. Meine Bitte, doch jetzt bitte auch etwas zu unserem Lebensunterhalt beizutragen, entzündete bei ihr eine Explosion der Empörung. Ihr Geld stünde nur ihr und ihrer Familie zu. Ich hätte doch mein eigenes Einkommen. Außerdem hätte es für einen alten Sack wie mich seinen Preis, sich eine so junge und attraktive Frau im Bett zu halten.

Außerdem, entlud sie sich weiter, wenn ich wolle, dass alles so bleibe, solle ich mein Maul halten und sie nie wieder nach Geld fragen.

Meine sanftmütige, hilfsbereite, Thaimaus hatte sich binnen Sekunden von einer treuen, liebenden Ehefrau in eine geifernde, unverschämte Göre verwandelt. Ich musste einsehen, dass die letzen Jahre nur ein verlogenes Schauspiel waren. Ich war mit meinen Nerven am Ende. Solange ich das unangenehme Thema Geld nicht ansprach, war ihr Wesen und Umgangston wieder wie früher. Nur, sie war fortan nie wieder zärtlich zu mir.

Unser ehelicher Verkehr verwandelte sich in ein emotionsloses Pflichtprogramm. Sie ging immer öfter alleine aus. Diskotheken und Nachtklubs standen immer häufiger auf ihrem Abendprogramm. Schicke Klamotten und ein Designer Handy wurden angeschafft. Schließlich blieb sie sogar gelegentlich über Nacht weg.

In meiner Hilflosigkeit traf ich mich mit einem Freund. Ich wollte mir meinen Frust von der Seele reden, um auch mal eine neutrale Meinung zu hören. Als sie dann wieder einmal in den Morgenstunden nach Hause kam, platzte die Bombe. Sie empörte sich so sehr darüber, dass ich unser Beziehungsproblem an einen Unbekannten verraten hatte, dass sie bedingungslos die Scheidung forderte. Außerdem solle ich sofort aus unserer Wohnung ausziehen. Mein Hochverrat wäre unverzeihlich. In ihrer Selbstverliebtheit hatte sie jedoch nicht einmal ansatzweise die Möglichkeit in Erwägung gezogen, dass ich auf sie, die wunderschöne, intelligente Traumfrau Nud, verzichten könnte.

Ich reichte die Scheidung ein, was für Nud verhängnisvolle Konsequenzen bedeutete. Nud glaubte sich im falschen Film und bettelte unterwürfig um ein Bleiberecht. Sie hatte zu diesem Zeitpunkt zwar eine unbefristete Aufenthaltserlaubnis, wollte jedoch mit allen Mitteln erreichen, dass ich den Antrag auf Anerkennung der deutschen Staatsbürgerschaft unterschreibe. Sie zog zu einer Freundin, gab jedoch bis zu unserer Scheidung keine Ruhe. Einige Monate später erfuhr ich von Nuds Freundin, dass meine Ex in Thailand wieder geheiratet hatte und einen Teil ihres Geldes regelmäßig an ihren neuen Ehemann schickt!

Vermittlung per Katalog

Jochen aus Schwäbisch Hall hatte nach zwei Ehen und zwei Scheidungen endgültig die Nase voll. Voll von stämmigen deutschen Frauen, die überall mitreden wollen. Selbst in seinem Malerbetrieb mischte sich seine Verblichene überall rein. Ein eigenes Cabrio wollte sie dann auch noch. Sie hat es auch bekommen. Einen weißen Golf Jahreswagen. Während er oftmals abends bis spät arbeitete, fuhr die Gattin dreimal wöchentlich zum Tennisspielen. Einmal in der Woche zum Friseur und einmal in die Sauna. Das alles natürlich von dem Geld, das Jochen im Schweiße seines Angesichts, teilweise auch schwarz, verdient hatte. All das hatte "Gott sei Dank" vor drei Monaten sein Ende gefunden.

Jochen war mit sich und der Welt wieder im Reinen. Die Auftragslage war gut, und in seinem kleinen Bungalow in Hessental hatte er sich für drei Tage pro Woche eine Haushälterin eingestellt. Aber trotz allem, irgendetwas fehlte. Er fühlte sich oft einsam und begann abends vor dem Fernseher zu träumen. Zu träumen von einem bildhübschen, zierlichen, asiatischen Teenager mit dem sanftmütigen Lächeln einer Prinzessin. Von einer, die erst im Bett ihrem wahren Temperament freien Lauf lassen würde. Bescheiden, anschmiegsam, andererseits aber auch mit lauerndem Temperament, lebensgierig und immer willig. Sozusagen eine erotische, eierlegende Wollmilchsau, die aus der Portokasse finanzierbar war.

Jochen erzählt:

In direkter Nachbarschaft zu meinem Haus hatte ein neues Geschäft eröffnet. Ein recht großer "Thai & Asia Supermarkt." Immer, wenn ich während der Geschäftszeiten in meinem Büro saß, konnte ich beobachten, wie sich eine asiatische Schönheit nach der anderen, teilweise in männlicher Begleitung, die Klinke in die Hand gab. Das Interessante war: Die Männer waren mindestens in meinem Alter. Also Mitte 40, oft auch älter. Ich beschloss, dem Laden einen Besuch abzustatten, um herauszubekommen, was da alles angeboten wird, was da wie ein Magnet sämtliche Asiatinnen aus dem Großraum Schwäbisch Hall anzog.

Ich wurde von einer ungefähr fünfzigjährigen Chinesin mit einem sanften Lächeln begrüßt. Sie sprach mit starkem asiatischem Akzent recht passabel deutsch. Wir tauschten ein paar unbedeutende Worte, bis sie wissen wollte, wo ich wohne, was ich arbeite, und wie lange ich schon verheiratet wäre. Glücklich darüber, dass sich endlich mal jemand für mein Leben interessierte, erzählte ich von mir und natürlich auch, dass ich gerne eine so attraktive Lebenspartnerin hätte wie die Kundinnen, die hier ein - und ausgingen wie in einem Taubenschlag. Als ich später mit ein paar Artikeln an der Kasse stand, verabschiedete sie sich freundlich mit den Worten. "Danke für ihren Einkauf, und wenn sie Lust und Zeit haben, dann kommen sie doch morgen Abend mit zu mir nach Hause. Wir haben auch noch andere Gäste. Meine Schwester kocht, da kommt es auf einen Gast mehr nicht an! Kommen Sie einfach zum Geschäftsschluss um 19 Uhr an die Eingangstür. Ich fahre uns, das wird sicher lustig!" Sie beendete ihre Einladung mit einem hohen, zwitschernden Kichern.

Na, da bin ich aber mal gespannt, flüsterte meine innere Stimme.

Wir trafen uns, wie angeboten, am nächsten Abend vor ihrem Geschäft und bestiegen ihren dunkelgrünen, dreier BMW. In einer schicken Bungalowsiedlung hielten wir vor einem Haus, das mich von vorne an ein Chinarestaurant erinnerte. Wir betraten das Wohnzimmer. Dort plauderten bereits neun Gäste, ein prächtiges Buffet stand bereit. Wir wurden untereinander vorgestellt, setzten uns, das Buffet wurde eröffnet.

Am Tisch hatte ich schnell Kontakt mit weiteren drei Männern, die auch zu diesem abendlichen Treffen eingeladen worden waren. Nach dem Essen entpuppte sich die Gastfreundschaft als Verkaufsveranstaltung, nur, dass hier keine Tupperware oder Heizdecken feilgeboten wurden. Jeder, der, wie sich mittlerweile herausgestellt hatte, fünf eingeladenen Männer bekam eine Speisekarte überreicht. Schnell war klar, die Karte war ein Katalog mit Bildern von unzähligen heiratswilligen Mädchen. Ich war platt. So viele Schönheiten. Man könne sich gerne eines dieser Mädchen oder Ladies auf Probe mal nach Deutschland kommen lassen, erklärte unsere Gastgeberin. Woraufhin mein Tischnachbar halblaut bemerkte:

"So, so, man darf am Fahrrad schon mal klingeln, bevor man losfährt, sehr vernünftig!" Kurzum, jeder der Herren, auch ich, suchte mir ein Model aus. Als Kostprobe sozusagen. Ich wählte Tok aus, eine 22 jährige, kinderlose Schönheit. Angeblich lebe das Mädchen in einem abgelegenen Dorf bei ihrer Familie.

Um beim ersten Kontakt einen guten Eindruck zu machen, ging ich dann erst einmal zum Fotografen, um ein vernünftiges Bild schicken zu können. Dann schrieb ich einen netten Brief und ließ diesen von einem Übersetzungsinstitut ins Thailändische übersetzen. Die ganze Aktion hat mich schon einmal 300 € gekostet. Das war mir die Sache wert. Drei Wochen später kam die Zusage. Ja, sie wolle mich gerne kennenlernen. Ich erledigte alle Formalitäten und schickte ihr, ohne weiter zu überlegen, ein Flugticket der Emirates Airline. Die fliegen zwar nicht Nonstop, dafür war das Ticket von Bangkok nach Frankfurt nicht so teuer. Es war ein schönes Leben mit ihr, wir gaben uns viel Mühe miteinander. Ich ließ ihr mein Satellitensystem am Fernsehgerät so einstellen, dass sie sowohl Thai als auch englischsprachige Programme empfangen konnte. Sie wusch und putzte, kochte und verwöhnte mich, wann immer ich wollte. Schon bald stand unser Entschluss fest. Wir wollten heiraten.

Zunächst musste eine Bescheinigung aus Thailand her, die ihre Ehefähigkeit beglaubigte. Das kostete mich bei der Behörde ihres Heimatorts eigentlich gar nichts. Da ich aber keine 3 Tage auf diese Urkunde warten wollte, schob ich 2 Flaschen Jim Beam und 500 Baht in bar auf den Behördentresen. Innerhalb 20 Minuten war alles erledigt.

Im Ehevertrag, den übrigens beide wollten, musste ich mich unter anderem verpflichten, für die künftige ärztliche Versorgung von Mutter und Vater aufzukommen. Ein Jahr nach der Heirat bekam Tok unseren Sohn Tim.

Abgesehen davon, dass Tok sich nur auf die teuerste, beste ärztliche Versorgung einließ, waren wir wirklich ausnahmslos glücklich mit unserer kleinen Familie. Ein bis zweimal im Jahr flogen wir nach Thailand und besuchten ihre Familie im Heimatdorf. Die freuten sich natürlich, da wir immer großzügige Geschenke mitbrachten. Das sprach sich im Dorf schnell herum. Die Konsequenz aus meiner Großzügigkeit war, dass Eltern ihre Kinder anwiesen, unter meinem Schlafzimmerfenster zu heulen, um damit die Kosten für einen Arztbesuch zu erbetteln. Als die Tochter der Nachbarin mit vierzehn Jahren schwanger wurde, gab ich dieser Familie sogar ein kleines Darlehen von 10.000 Baht. Das Ende der Fahnenstange war aber noch lange nicht erreicht. Der Lehrer der Dorfschule besuchte mich und bat um finanzielle Unterstützung für die Renovierung der Schuleinrichtungen und andere dringende bauliche Maßnahmen.

Immer wieder gab ich zwischen 3.000 und 10.000 Baht. Ich kann das gar nicht mehr zählen. Zuhause angekommen, sammelten wir im Asialaden und in meinem Geschäft weiter, so dass ich mehrere Male ganz stattliche Sümmchen zum Wohle der Schulkinder überweisen konnte. Dann passierte etwas für mich völlig Unerklärliches. Tok hatte an diesem Morgen mit ihrer Familie telefoniert und nahm mich im Büro zur Seite. Sie ließ mich unmissverständlich wissen, dass ihre Familie der Ansicht sei, dass die Überweisungen an die Dorfschule nicht rechtens seien. Das Geld stünde doch wohl eindeutig ihrer Familie zu. Daraufhin habe ich alle Aktionen sofort eingestellt. Wenn ich mir überlege, dass ich manchmal dem ganzen Dorf Mekhong Whiskey ausgegeben habe! Für das kleine Haus, in dem ich mit Tok und meinem Sohn immer gewohnt habe, bezahlte ich wöchentlich mehr, als ich im Starhotel in Rayong bezahlt hätte.

Zurück in Deutschland nagte die Alltagsroutine mehr und mehr an unserer Ehe. Ich beschloss, ein kleines Thairestaurant in Schwäbisch Hall zu bauen, damit Tok eigene Verantwortung übernehmen konnte. Sie war sofort Feuer und Flamme für meinen Entschluss. Als das Restaurant kurz vor der Fertigstellung war, hatte Tok einen verhängnisvollen Vorschlag. Sie schlug vor, einen Koch aus Rayong, den sie von Freunden her kenne und der gerade arbeitslos geworden war, als Küchenchef zu engagieren. Sie handelte per Telefon die Höhe des Monatsgehalts aus und Pladi trat 2 Monate später seine Arbeit in der Küche an.

Dass die Gäste nicht immer zufrieden mit seinen Kochkünsten waren, merkte ich schon daran, dass wir kaum Stammgäste bekamen. Bis auf eine Ausnahme. Es gab ein paar Thaifreundinnen, die immer am Wochenende zu später Stunde im Restaurant auftauchten. Dann kam auch immer der Koch raus, und alle zechten lautstark bis in die Puppen. Auf meine Kosten versteht sich. Aber es sollte noch schlimmer kommen. Eines Tages musste ich, da ich einen Ordner für den Steuerberater vergessen hatte, am späten Nachmittag ins Restaurant. Ich glaubte, dass Tok mit unserem zweijährigen Sohn zuhause ist und das der Koch mit den Vorbereitungen für das Speiseangebot bereits begonnen hatte. Er hatte begonnen. Nicht mit seiner Arbeit, er hatte begonnen, meine Tok zu vögeln. Ich hörte bereits beim Öffnen der Hintertür Toks leises, vertrautes Stöhnen. Die Küchentür war offen, so dass ich einen flinken Blick wagte. Ja, es war Tok! Der Koch hatte sie über die Gefriertruhe gelegt, den Rock hochgezogen und besorgte es ihr mit kräftigen, schnellen Stößen! Das Schlimme für mich war, es schien ihr zu gefallen. Für einen Moment lang war ich wie gelähmt. Dann drehte ich mich um und beschloss von all dem niemandem zu erzählen.

Auch Tok wollte ich nicht zur Rede stellen. Warum auch. Schließlich hatte ich ja alles gesehen. Das alles nur, damit unser Sohn in ordentlichen Verhältnissen aufwachsen kann. Der Koch musste weg. So schnell wie möglich. Tok musste ihn entlassen und auszahlen. Das tat sie auch, wenngleich etwas störrisch.

Ich sagte meiner Frau einfach, das wir uns bei diesen niedrigen Umsätzen keinen Koch mehr leisten könnten. Was sie schließlich einsah. Eine ihrer Thaifreundinnen erzählte mir später in einem vertrauten Moment, das der Koch keineswegs für Tok ein Unbekannter war, nein, er war früher, als Tok noch anschaffen ging, ihr Boyfriend. Der Koch hatte im übrigen nie eine Küche von innen gesehen. Er begann direkt nach der Schule seinen Unterhalt hinter der Theke von Mc Donalds zu bestreiten. Die beiden waren über drei Jahre zusammen!

Zwei weitere Jahre vergingen ohne weitere Unebenheiten. Doch dann bekam ich eine Herzschwäche, und mein Internist legte mir nahe, in ein Land zu ziehen, wo die Temperaturen übers Jahr hinweg gleichbleibend warm sind. Mallorca lag nahe, aber wenn schon weg, dann können wir ja auch gleich nach Thailand ziehen, meinte Tok. Ja, Thailand war eine gute Idee. Dort fangen wir noch einmal neu an. Unser Entschluss stand fest, und Tok war seit diesem Tag wieder bei bester Laune.

Wir besprachen uns mit Toks Familie, damit eine Firma nach thailändischem Recht gegründet werden konnte. Die Familie stellte nur eine Bedingung: Ihr älterer Bruder Don musste Teilhaber der Firma werden. Nach anfänglichen Protesten willigte ich schließlich ein. Um alle Malerutensilien, die ich aus Deutschland per Container hatte verschiffen lassen, transportieren zu können, kaufte ich fürs Geschäft einen gebrauchten Toyota Kleinlastwagen und eine Limousine. Der Pkw war wichtig, weil man im Gegensatz zu Europa mit einem Geländewagen eher in Richtung Bauer eingestuft wird.

Seriöse Geschäftsleute fahren in Thailand mindestens eine Golfklasse oder aufwärts. Mein neuer Partner Don meldete die zwei Fahrzeuge an, was ich damals leider nicht kontrollierte. Nur der Kleinlaster wurde auf mich angemeldet, den viel teureren, silbernen Toyota Corolla meldete er einfach auf sich an. Obwohl Don zwei Wochen später, an einem Montag nicht bei der Arbeit erschien, wurde ich nicht stutzig. Seine Mutter versicherte, er habe angerufen und läge mit einer Magenverstimmung im Bett. Erst am Wochenende hatte ich das Gefühl, dass irgendetwas nicht stimmt. Montags drauf überschlugen sich dann die Ereignisse. Zunächst kam heraus, dass Don mit meinem Auto "über alle Berge" verschwunden war. Die Familie weigerte sich strikt, irgendetwas zu unternehmen, was dem Sohn schaden konnte. Meine weiteren Recherchen ergaben, dass Don den Toyota auf sich angemeldet hatte. Somit hatte er keinerlei Probleme zu erwarten.

Unvorstellbar, ein Onkel, der in der Gegend ein angesehener Anwalt ist, hatte meinen Exodus auf Raten sorgfältig geplant. Das saftige Honorar für den intriganten Onkel habe darüber hinaus auch noch ich bezahlt. Das mich mein Schicksal so brachial für meine Blauäugigkeit bestrafen würde, hätte ich mir in tausend und keiner Nacht träumen lassen. Seit vier Monaten wohne ich jetzt in einem kleinen Haus bei Pattaya, das ich mir mit Hilfe von Freunden in Deutschland habe kaufen können. Gelegentlich ein paar Malerarbeiten, andere handwerkliche Dienstleistungen und von meiner kleinen Rente, davon lebe ich im Moment. Die Chancen auf Erfolg, wenigstens mein Haus zurückzuklagen, sind zwar nicht so schlecht, aber ich werde das nicht tun. Im Erfolgsfall würde Tok mir ihre Unterschrift bei der Verlängerung meiner Aufenthaltsgenehmigung verweigern. Die Immigrationsbehörde würde mich aus Thailand ausweisen. Schachmatt.

So nehme ich das geringere Übel auf mich und werde wohl auch irgendwann hier sterben.

Legal, illegal, scheißegal?

Die Prostitution ist in Thailand immer noch strafbar. Die Polizei hat jedoch einen enormen Handlungsspielraum. Ganz nach Belieben können die Polizeibeamten die bestehenden Gesetze auslegen. Ein lohnender Nebenverdienst. So kann zum Beispiel das Anbieten einer verbotenen Dienstleistung oder die Erregung öffentlichen Ärgernisses mit saftigen Geldstrafen belegt oder sogar mit Gefängnis bestraft werden. Will eine Lady in Ruhe arbeiten, muss sie sich unter die Fittiche eines Zuhälterbetriebs begeben. Die Luden wiederum erkaufen sich durch Abschlagzahlungen an die Polizei praktisch uneingeschränkte Handlungsfreiheit.

Ein stadtbekannter Zuhälter nannte einmal bei einer Rede im Wahlkampf um den Bangkok Gouverneur Posten das Kind beim Namen. Er behauptete, im Laufe der Jahre mehrere hundert Millionen Baht an die Polizei bezahlt zu haben.

Aufgrund seiner einschlägigen Erfahrung mit der immer weiter wachsenden Korruption würde er als Gouverneur diesem Krebsgeschwür den unerbitterlichen Kampf ansagen. Er erreichte zwar sein Ziel nicht, bekam aber überraschend viele Stimmen.

Jegliche Sexwerbung ist in allen Medien verboten. Schon das Werben mit weiblichen Brustwarzen steht nach neuester Rechtsprechung unter Strafe. Die Strafen bei Zuwiderhandlung liegen bei 6 Monaten bis 2 Jahren Gefängnis beziehungsweise 40.000 bis 120.000 Baht Bußgeld.

Einige Beispiele aus dem Strafgesetzbuch:

§ 276

Wer unter Einsatz von Nötigung oder körperlicher Gewalt eine oder mehrere Frauen vergewaltigt, wird mit bis zu 20 Jahren Gefängnis oder 8.000 bis 40.000 Baht Geldstrafe belegt.

§ 277

Wer Geschlechtsverkehr mit einem Mädchen praktiziert, welches noch keine 15 Jahre alt ist und mit dem keine Ehe besteht, wird mit einer Gefängnisstrafe von 4 bis 20 Jahren bestraft. Außerdem wird eine Geldstrafe von bis zu 40.000 Baht verhängt.

§ 279

Wer ein Kind unter 15 Jahren misshandelt oder missbraucht wird mit einer Gefängnisstrafe bis 10 Jahren respektive einer Geldstrafe bis zu 40.000 Baht verurteilt.

§ 286

Personen über sechzehn , die Geld von Prostituierten nehmen, um davon teilweise oder ganz ihren Lebensunterhalt zu bestreiten, erwartet eine Gefängnisstrafe von bis zu 15 Jahren sowie eine Geldstrafe bis zu 40.000 Baht.

§ 8

Wer mit Minderjährigen zwischen fünfzehn - und achzehn Jahren im Bordell Geschlechtsverkehr hat, wird mit 3 Jahren Gefängnis oder mit einem Bußgeld von bis zu 60.000 Baht bestraft.

§ 9

Wer eine Person in die Prostitution lockt, bekommt bis zu zehn Jahre Gefängnis oder eine Geldstrafe zwischen 20.000 und 200.000 Baht. Ist das Opfer zwischen fünfzehn und achzehn Jahre alt, erhöht sich die Gefängnishöchststrafe auf fünfzehn Jahre, die Geldstrafe kann dann bis zu 300.000 Baht betragen. Ist das Opfer minderjährig, also unter fünfzehn Jahre alt, wird bis zu fünfzehn Jahre Haft verhängt. Dazu kommt eine Geldbuße von bis zu 400.000 Baht.

§ 10

Wird Eltern oder Erziehungsberechtigten ein Straftatbestand im Sinne von § 9 nachgewiesen, wird bis zu zwanzig Jahre Gefängnis oder eine Geldstrafe bis zu einer Höhe von 400.000 Baht verhängt.

§ 11

Besitzer oder Geschäftsführer von Bordellen oder ähnlich auf Prostitution ausgerichtete Personen müssen mit bis zu fünfzehn Jahren Gefängnis und einer bis zu 300.000 Baht hohen Geldstrafe rechnen. Sind Huren jünger als fünfzehn Jahre, kann der Richter mit bis zu zwanzig Jahre Haft bestrafen.

Die Gastarbeiterinnen

Nach der Auflösung der Sowjetunion hat die Russenmafia Thailand als neues Aktionsgebiet entdeckt. Vorwiegend Bangkok und Pattaya werden von jungen, geschäftstüchtigen Mädchen frequentiert.

Meist kommen diese echten oder "getunten" Blondinen aus Russland, Polen, der Ukraine oder Ungarn. Diese Mädchens sind keineswegs dumm, sie haben in der Regel eine gute Schulbildung oder studieren in ihrem Heimatland. Sie reisen mit einem Touristenvisum sozusagen als "Freiberufler" ein. Diese überdurchschnittlich attraktiven, semiprofessionellen Gelegenheitshuren haben allerdings auch ihren Preis.

Je nach Länge und Art des Service zahlt man für eine solche Torte zwischen 3.000 und 15.000 Baht. Auf den Strich gehen diese Mädchen dort, wo Geld im Überfluss da ist.

In einem Top "Outfit" und mit einem Nobelhandy bewaffnet trifft man die Gastarbeiterinnen in den Nachtklubs oder Diskotheken der teuersten Hotels. Überall dort, wo die Yuppie - und High Society Szene jede Nacht abfeiert. Viele arbeiten auch mit einem oder mehreren "Escort-Serviceanbietern" zusammen. Andere warten in Hotellobbys auf zahlungskräftige Kunden. Ein hoher Prozentsatz der thailändischen Ladies hat dunkelfarbige Haut. Kein Problem für eine hellhäutige, super sexy geschminkte Ukrainerin, selbst im düsteren Nachtklub aufzufallen wie ein bunter Hund. Offiziell werden allerdings nicht mehr als ein paar hundert Girls geschätzt.

Nachschub aus den Grenzgebieten

Verschiede Organisationen haben es sich zur Aufgabe gemacht, willigen Mädchen den Weg aus der Prostitution zurück in einen normalen Alltag mit Schulbesuch zu erleichtern. Die Zahl der Thailadies, die in ein geregeltes Leben zurückfinden, steigt jährlich. Je mehr Thaimädchen sich aus dem Bordell verabschieden, desto größer wird der Bedarf an Nachschub aus dem Ausland.

Die Burmesinnen, insbesondere die Shan-Mädchen, sind bei den Puffmanagern beliebter als Thainutten. Diese einfachen Mädchen sind billiger und bescheidener, reden wenig und machen alles, was der Kunde will. Die Prostitution in den Touristengebieten ist, verglichen mit der knochenharten Arbeit auf einem Reisfeld, ein Kinderspiel.

Jobanwärterinnen aus dem Norden und Nordosten halten sich in den letzen Jahren immer öfter über das Internet auf dem neuesten Stand und belegen die frei gewordene Plätze der Bordelle im Land.

Aus allen Winkeln des Landes schwärmen Jungfrauenjäger aus, um in den Grenzgebieten fündig zu werden. Diese Vermittler sprechen die bettelarmen Eltern an und stellen einen, aus unserer Sicht eher niedrigen Betrag für die Vermittlung in Aussicht. Dann werden Fotos von der meist minderjährigen Tochter gemacht und in einem Jungfauenkatalog gesammelt. Da der Verkehr mit einer Jungfrau seit jeher als Garant für ein langes Leben und starke Potenz steht, mangelt es nicht an Kundschaft.

Ist ein Kunde gefunden, bringt man das unwissende Mädchen in der Regel gegen dessen Willen mit dem Kunden zusammen.

Anfangs machen die Mädchen nur aus Gehorsamkeit mit. Später, wenn man sich samt Familie und Angehörige an das schöne, schnelle Geld gewöhnt hat, bleiben viele Mädchen bei dieser lohnenden Geldquelle und lassen sich ein oder zweimal in der Woche von einem Kunden rannehmen.

Verliebt, verlobt, verheiratet

Eines gilt mittlerweile als erwiesen. Wer glaubt, im Rotlichtmilieu die große Liebe des Lebens finden zu können, der befindet sich in einer Liga, in der Menschen auch glauben, dass der Zitronenfalter Zitronen faltet, der Weihnachtsmann Nordpole ist und dass die Schwulen nicht vom Storch, sondern vom Flamingo gebracht werden.

Es gibt zwar ein Beispiel aus meinem persönlichen Umfeld, bei der die Konstellation: Farang heiratet Barmädchen, glücklich seit 25 Jahren funktioniert. Die Chance jedoch, ein ähnliches Los zu ziehen, ist sehr, sehr gering. Jedes Mädchen ist zwar anders, die Verhaltens und Denkweise ähnelt sich jedoch bei 90% dieser Kandidatinnen erheblich.

Der erste Schritt

Ist eine Wahl getroffen, das Traumgirl gefunden, muss man es unbedingt dauerhaft aus dem Rotlichtmilieu herausholen. Das wird in aller Regel nicht ganz einfach. Sie wird beschwichtigend erzählen, dass sie nur Kassiererin sei und ihren Körper nicht, wie die anderen Mädchen, verkauft. Kassiererinnen sind übrigens bei den Freiern außerordentlich beliebt! Mädchen, die nur von Provisionen für Ladydrinks und fürs Tanzen an der Stange arbeiten, sind sehr rar. In den meisten Bars müssen die Ladies eine bestimmte Anzahl von Bargeldauslösungen erreichen, andernfalls wird der Lohn gekürzt.

Mädchen, die nicht mit den Kunden mitgehen wollen, haben einen schlechten Stand in der Bar. Die Mama-sans dulden solche Arbeitsverweigerer nur selten. Sollte die neue Flamme Freundinnen, Familienangehörige oder gar eine Schwester haben, die in einer Bar arbeitet, dann empfiehlt es sich generell, die Finger von der Kirsche zu lassen. Die Probleme sind dann vorprogrammiert. Es wird praktisch unmöglich sein, die neue Liebe davon zu überzeugen, dass sie ihre Angehörigen, insbesondere ihre eigene Schwester, nicht mehr besuchen darf.

Dann kommt auch noch hinzu, dass auch für Sie (ja, genau Sie, lieber Leser) Barbesuche künftighin tabu sein müssen. Eine weitere Hürde, ihren neuen Schatz vom Rotlicht fernzuhalten, ist das für thailändische Verhältnisse hohe Einkommen der Mädchen. In Etablissements mit einer starken Kundenfrequenz kann ein fleißiges Girl locker auf 150.000 bis 200.000 Baht im Monat kommen. Da sind also mit ein bisschen Gymnastik und Hinhalten eben mal ca. 5.000 Euro im Monat möglich. Steuerfrei selbstverständlich. Im Durchschnitt müssen die Mädchen mit schätzungsweise 25.000 Baht auskommen.

Viele gehen immer nur dann anschaffen, wenn das Geld ausgegangen ist oder der Boyfriend Geld braucht. Auf der anderen Seite gibt es natürlich auch viele Mädchen, die im Monat nur ein-zweimal ausgelöst werden und im übrigen mit dem mageren Grundgehalt für die Ladydrinks auskommen müssen. Der Hauptgrund, sich auf das horizontale Gewerbe einzulassen, war schließlich einmal, den eigenen Lebensunterhalt zu verdienen und natürlich Geld nach Hause zu schicken. Der Freier muss bereit sein, langfristig und kontinuierlich Geld in seine Liebe zu investieren.

Monatlich 5.000 Baht. Besser wären 10.000 Baht. Dann könnte die Geliebte auch etwas für ihre Familie abzweigen und für sie selbst bliebe etwas mehr als die Grundsicherung. Wer hierbei zu knausrig ist, riskiert dabei, in den Verdacht zu geraten, nicht wirklich zu lieben. Wer viel Geld für sein Mädchen ausgibt, muss einfach lieben, so ist nun einmal die weit verbreitete Logik. Alles andere würde keinen Sinn ergeben, jedenfalls nicht für ein Thaigirl. Bei der Entscheidung darüber, wie hoch eine monatliche Auszahlungssumme festgelegt wird, sollte man unbedingt bedenken, dass auch bei der stattlichen Summe von 20.000 Baht in der Regel ein Einkommensverlust für das Mädchen entsteht. Nicht für alle, aber für viele, je nach Aussehen und Arbeitseifer.

Im Durchschnitt dürfte ein Barmädchen, wie gesagt, ca. 25.000 Baht monatlich verdienen. Darüber hinaus ist es keinesfalls so, dass jede Thaibraut aus der Bar darauf wartet, endlich das Angebot ihres Lebens von einem Farang zu bekommen.

Im Gegenteil, der Gedanke daran, mit einem Mann, der noch nicht einmal ihre Sprache spricht, künftig allein in einem fremden Land zu leben, ist für viele unerträglich. Zu Hause allein auf den Ehemann warten zu müssen, ist ein fürchterlicher Zustand und steht in krassem Gegensatz zu allem bisher Erlebten. Die Thais lieben das Gruppenleben und würden eher ganz auf das Essen verzichten als es gelangweilt alleine einzunehmen. Die nationale Freizeitbeschäftigung "Essen" erleben die Thais am liebsten als Gruppenereignis.

25.000 Baht sind, wenn die Summe regelmäßig bezahlt werden muss, für die meisten Farang kein Pappenstiel. Sollte es in der Partnerschaft mal einen finanziellen Engpass geben, wird die Braut höchstwahrscheinlich nicht lange zögern und in ihren alten Beruf an der Bar zurückkehren.

Eine weitere goldene Regel: Lass sie nie allein, musst du verreisen, nimm sie mit. Die kontinuierliche Nähe zum Partner ist für ein Thaimädchen absolute Voraussetzung dafür, sich wohl zu fühlen und treu zu sein. Ob das Mädchen ehrlich und treu ist, sollte man unbedingt rechtzeitig prüfen. Sollte sich herausstellen, dass ihre Angebetete lügt oder gar betrügt, trennen sie sich sofort von ihr. Darauf sollte man achten, bevor man eine feste Bindung eingeht. Sind die Voraussetzungen erfüllt, muss man Partnerschaftsperspektiven schaffen. Sie muss wissen, woran sie mit ihrem neuen Partner ist. Wo sie erst einmal wohnen wird, wieviel Geld sie in die Beziehung investieren wollen, wie lange es dauert, bis man ein Visum für sie bekommt. Und schließlich, wann ungefähr ein Umzug ins Farangland statt finden kann.

Viele dieser Barmädchen können Bände darüber erzählen, was ihnen von Farang versprochen und nicht eingehalten wurde. Geben sie ihr unbedingt das Gefühl, dass sie mitbestimmen kann, wie die einzelnen Parameter in ihrem Leben aussehen werden. Zukunftsperspektive ist sehr wichtig. Vergessen sie aber nie, die genaue Größe der Tanzfläche ihres künftigen Lebens zu definieren.

Eine weitere Frage drängt sich auf:

Werden Sie, gesetzt den Fall, es sollte tatsächlich passieren, dass in Ihrer Ehe nicht mehr nur allein Ihre Brieftasche im Mittelpunkt steht, werden Sie es langfristig schaffen, die Vergangenheit Ihrer grossen Liebe aus Ihrem Ehealltag zu streichen? Wenn nicht, mein Rat:
"Finger weg vom Heiraten".

Das kann nur in die Hose gehen. Die Wahrscheinlichkeit, dass irgendwann finanzielle Engpässe entstehen, ist relativ groß.Im schlimmsten Fall steht ihr gesamtes Vermögen auf dem Spiel. Und noch etwas: Einmal in Thailand geheiratet, werden die Scheidungskosten erheblich günstiger als in Europa.

Der Umgang mit den Thailadies

Es ist seit Jahrhunderten Tradition, dass Frauen mit Sex manipulieren, um das zu bekommen, was sie wollen. Das ist einer der Hauptgründe, weshalb es praktisch überall auf der Welt und natürlich auch in Thailand Prostitution gibt. Wenn man wissen will, wie ernst es die Thaimaus mit der Liebeserklärung meint, dann gibt man ihr einfach kein Geld mehr.

Wenn sie sagt:
"Beweise, dass du mich liebst, gib mir Geld!"

Dann kann man die Braut sofort in die Tonne treten.

Hier ein paar Beispiele, wie man die Äußerungen einer Thailady verstehen muss:

Wenn sie sagt:
"Gib mir bitte kein Geld."

Dann meint sie:
"bitte, bitte gib mir viel Geld!"

Wenn sie sagt:
"Es interessiert mich nicht, ob Du noch andere Frauen neben mir hast."

Dann meint sie:
"Glaubst du wirklich, ich wüsste nicht,
wie oft du mit anderen Mädchen rumvögelst."

Wenn sie sagt:
Du bist ein Schmetterling

Dann meint sie:
"Ich möchte, dass du dein Geld nur für mich ausgibst."

Sagt sie:
"Ich mag keine thailändischen Männer!"

Meint sie:
Natürlich vögle ich auch mit Thaimännern.
Und das mehrmals die Woche.

Sagt sie:
"Der Mann ist mein Bruder."

Kann man in der Regel davon ausgehen,
dass es sich um ihren Liebhaber handelt.

Wenn sie sagt:
"Ich liebe dich, ich will dich heiraten."

Meint sie:
Bitte schick mir jeden Monat Geld.

Thailadys sind Meisterinnen im Manipulieren und raffinierte, listige Künstlerinnen, wenn es darum geht, ihrem Farang ein schlechtes Gewissen einzureden. Man sollte sich deshalb niemals auf ein Ultimatum einlassen.

Ein thailändisches Sprichwort sagt:

< Eine kluge Frau hat tausend Fallen >

Man darf diese Ladies nie unterschätzen! In Thailand gibt es übrigens mehr Frauen mit Universitätsabschluss als Männer. Thailadies, die auf zahlungskräftige, gutgläubige Farangs Jagd machen, stehen auf der untersten Stufe der Gesellschaft. Diese Frauen könnten genauso gut einen Taxifahrer, einen Ladenbesitzer oder einen anderen recht schaffenden Mann heiraten. Aber, warum sich mit 5.000 bis 8.000 Baht im Monat zufrieden geben, wenn mit Hinhalten und reichlich Sanuk bequem das Vielfache zu verdienen ist.

Endlich ausgewandert

Werner erzählt:

Es ist jetzt genau sieben Jahre und drei Monate her, als ich Deutschland mit dem Vorsatz, nie wieder zurückzukehren, verließ. Weg aus dem ungastlichen, unfreundlich bürokratischen Deutschland. Einfach ins Paradies abtauchen, ins Paradies zu den sanftmütigen Buddhisten. Ins Land der tausend Traumfrauen, die nur auf einen großzügigen, intelligenten, reifen Mann aus Japan oder Europa warteten. Ja, ich verließ Deutschland ohne eine Träne im Knopfloch.

In nur drei Wochen hatte ich meine ganze Habe verkauft und alles Notwendige geregelt. Durch frühere Besuche hatte ich Thailand mehr als nur lieb gewonnen. Von Thailand ging ein mystischer Magnetismus aus.

Meine Freundin Noi erwartete mich bereits hin und her tippelnd am Arrivalausgang des Suvarnabhumi Airport in Bangkok.

Wir hatten uns vor drei Monaten in Pattaya kennen und lieben gelernt und standen seit dieser Zeit fast täglich per Internet in Kontakt. Jetzt wollte ich Nägel mit Köpfen machen. Mit Noi zusammenziehen und vielleicht sogar eine Familie gründen.

Ich mietete eine wunderschöne Dreizimmerwohnung. Ein Appartement mit einem herrlichem Blick aufs Meer. Pattaya war in den Jahren so etwas wie eine zweite Heimat für mich geworden. Wir saßen oft in der Bar, in der ich Noi kennen gelernt hatte. Zweimal in der Woche traf ich mich mit Freunden, die ebenfalls Deutschland auf Nimmerwiedersehen den Rücken gekehrt hatten. Ich lernte etwas thailändisch sprechen, indem ich täglich mit

Noi übte. Manchmal verständigten wir uns mit Händen und Füßen. Irgendwie ging das immer. Was anfangs mit lustigen Erzählungen aus dem Leben begann, entwickelte sich in unseren Gesprächsrunden mehr und mehr in Schimpftreffen gegen alles. Alles, was unseren Gewohnheiten aus Europa nicht entsprach, wurde beschimpft und heruntergeredet. Auch im familiären Kreis entwickelte sich alles anders als erwartet.

Obwohl ich für alles bezahlte, was ein komfortables Leben ermöglichte, ja sogar die Ausbildung von Nois Tochter finanzierte, galt ich in der Familie als geizig und knausrig.

Das ärgerte mich zwar, aber ich werde mir doch nicht von Leuten, die kaum ihren eigenen Lebensunterhalt zusammenbekommen, vorschreiben lassen, wie ich mit meinem Geld umzugehen habe. Noi drängte mich täglich, doch endlich ein Haus zu kaufen. Das mit der Miete sei doch verlorenes Geld. Aber ich ließ mich "Gott sei Dank" nicht beirren. Ich hatte einfach schon zu viel Negatives in verschiedenen deutschsprachigen Zeitungen gelesen. Wenn nicht das Thema Geld, Haus oder sonstiges Materielles angesprochen wurde, kam ich mit Noi sehr gut zurecht. Meinen Stammtischbrüdern aus Deutschland hingegen war es irgendwann nicht mehr genug, sich über die Verkehrsverhältnisse, Korruption und andere Missverhältnisse im Land zu beklagen. Die kollektive Schimpftruppe begann sich mehr und mehr untereinander zu verfeinden.

Auch mir setzte das tägliche Nichtstun mächtig zu. Ich ertappte mich immer öfter bei schlechter Laune und aggressiven Gedanken. Andererseits, was will ich überhaupt? Ich wusste von vornherein, dass ich mit meinem Jahresvisum bestenfalls im Land geduldet werde... Wobei, wenn ich es mir recht überlege, "geduldet" sein an sich ist schon eine respektlose Frechheit. Aber was soll es, ich bin hier der Gast und habe mich gefälligst nach der hiesigen Ordnung oder Unordnung zu richten, sagte ich mir. Ich kann mich nicht einerseits über die Ausländer in Deutschland aufregen, die sich nicht integrieren wollen, und hier im fremden Land, wo ich der Ausländer bin, über jede Kleinigkeit aufregen, die ich von meiner Heimat her anders gewohnt war.

Die Thaigesellschaft will, wenn überhaupt, nur das Geld der Farang, die sind da schon etwas anderes als wir in Deutschland. Die Thais wollen gar keine Integration. Ganz bewusst nicht.

Ich konnte in der ganzen Zeit keinerlei Freundschaften zu Thais aufbauen. Bekanntschaften ja, aber keine Freundschaften, wie man sie aus unserer Gesellschaft kennt. Nach allem, was ich mit Nois Familie und anderen Thais erlebt habe, kann ich nur sagen: Für Thais sind Freunde nur zum Anpumpen da. Na ja, dass sich hier in Thailand vorwiegend Farangs ansiedeln, die im Prinzip selbst verkrachte Existenten sind, musste ich auch einsehen.

Es gibt unter meinen anfänglich dick befreundeten Farangfreunden nur noch zwei, die sich bis heute einigermaßen verstehen und mit Respekt behandeln. Der Rest ist so verkracht, dass sie sich auf der Straße noch nicht mal mehr anschauen. Die kamen mit ihrer Selbstüberschätzung und Überheblichkeit insbesondere nach ein paar Heineken Bieren nicht mehr klar. Da sollte man doch denken, dass wir paar Deutsche, die in der Gegend wohnen, so clever sind, freundschaftlich im fremden Land zusammenzuhalten. Fehlanzeige!

Irgendwann begriff ich, dass ich auf dem besten Wege war, genau so einer zu werden. Die fehlende Lebensperspektive, der tägliche Ablauf, immer die gleiche Routine nagten mehr und mehr an meinem Gemüt.

Nach vier Jahren, 2 Umzügen und einem leeren Kopf hatte ich einen absoluten Tiefpunkt erreicht. Ich ertappte mich, als ich eines Abends in einer kleinen Karaokebar einen völlig ahnungslosen Schweizer mit einem Schwall an Eigenlob zutextete. Dieser verließ kopfschüttelnd die Bar Richtung Toilette und kam nicht wieder.

Jetzt hatte ich begriffen, wie sehr mich die Jahre in Thailand verändert hatten. Ich war jetzt genau so eine großschnauzige Farangausgabe geworden, wie die Thais das hassen. Das musste sich unbedingt ändern. Ich machte mir selbst das Leben zur Hölle. Um zu überdenken, wie ich meine Zukunftsperspektive verändern könnte, zog ich mich ein paar Tage komplett zurück, machte lange Strandspaziergänge oder fuhr stundenlang mit meinem Motobike durch die Gegend.

Ich kam zu der Erkenntnis, dass das Paradies ohne Arbeit, Verantwortung und ohne Aufgabe für mich nicht stattfinden kann.

In Deutschland wusste ich jeden Abend vor dem Schlafengehen, was ich tagsüber geleistet und bewegt hatte. Dieses Gefühl, gebraucht zu werden, im Sinne meiner Fähigkeiten, war hier völlig weggebrochen. Mein Leben hatte sich zum belanglosen Nichts ohne Inhalt und Sinn verändert. Die Zahlungen aus Deutschland kamen ja monatlich. Einfach so.

Was tun? Mit Noi war im Prinzip alles, worüber es zu reden gab, bereits abgehandelt. Jeden Abend bei sehr früh anbrechender Dunkelheit durch die Garküchenallee zu schlendern, macht auf die Dauer auch nicht wirklich Laune. Ich sah ein - ich war in ein tiefes Loch gefallen. Gefallen in einem Land wo das Recht des Stärkeren regiert, wo es keinerlei Rechtssicherheit gibt, und in dem ich jedem dringend empfehle, sich an die Spielregeln zu halten. Komisch, den Einheimischen misstraue ich in vielen Belangen, obwohl ich mich nicht bedroht fühle. Nein, ich fühle mich sogar recht sicher. Aber wenn man mitbekommt, wie die Thais sich gegenseitig über den Tisch ziehen, fragt man sich natürlich:

Was passiert denn da täglich in meinem Alltag? In einem Land, dessen Airline den Einheimischen billigere Tickets verkauft als den Ausländern.

Na ja, ich habe jedenfalls gelernt, mich wie ein guter Thai und wie ein guter Buddhist zu verhalten. Die Nationalhymne kann ich auch schon lippensynchron mitsingen. Mit Noi verstehe ich mich, seit dem mich ihre Familie in Ruhe lässt, wieder sehr gut.

Jetzt fliege ich zweimal jährlich für einen Monat nach Deutschland, um in meinem Beruf zu arbeiten. Das geht glücklicherweise. Ich bin jetzt erheblich ausgeglichener und kann mich auch wieder auf beide Länder freuen.

They cut their toys

Es ist gar nicht so einfach, aber beim genauen Betrachten kann man einen Kathoey am zu großen Busen, den zu kleinen Brustwarzen, an der gekünstelt hohen Stimme, am Kehlkopf oder an der übertriebenen Gestik erkennen.

Wan, ein Kathoey erzählt:

"Nein, nein; ich hab mein Ding nicht abgeschnitten. Ich gehöre zwar zu den „Women of the second category", den Frauen der zweiten Kategorie, im Herzen fühle und denke ich aber wie eine richtige Frau", blinzelt Wan mich an. Ich habe aber ein paar Freunde, die eine Geschlechtsumwandlung haben machen lassen. Ich persönlich habe Angst vor dem Eingriff, es gibt zu viele Scharlatane in dieser Branche. In der Zeitung konnte man letzte Woche lesen, dass ein hoher Prozentsatz aller Personen, die solche Leistungen anbieten, gar keine Fachleute sind. Der Markt ist heiß umworben, da wird viel Geld verdient. Viele davon sind nur Hausärzte oder sogar nur Geburtshelfer, die keinerlei Qualifikation auf diesem Gebiet haben. Die unterbieten sich mit ihren Preisen. Mein Exfreund aus Bangkok hat sich vor ein paar Monaten für wenig Geld die Brust vergrößern lassen. Der Eingriff dauerte nicht lang. Ein paar Tage später war er ganz glücklich mit seinem neuen Vorbau. Doch dann entzündete sich alles, und er musste operiert werden. Es hat Monate gedauert, bis er wieder auf die Straße gehen konnte. Es soll auch schon vorgekommen sein, dass, aus Kostengründen, statt Silikonhüllen, Kondome mit Salzwasser gefüllt wurden. Die 50.000 Baht würde ich schon zusammen bekommen. Nein, man hört zu viel. Ich hab Angst.

Ich gehe nur ab und zu, wenn ich Geld brauche, mit Männern.

Ich lasse mich aber nicht hernehmen. Wenn ich für eine "Shorttime" mit einem Freier ins Zimmer gehe, greife ich ihm sofort, wenn die Tür zu ist, zwischen die Beine. Dann hole ich ihn raus und nehme ihn sofort in den Mund. Der Kunde ist dann sofort so geil, dass ich meinen Slip gar nicht erst ausziehen muss. Ich könnte dann auch nicht mehr verbergen, dass ich mein bestes Stück mit Klebeband zwischen den Beinen befestigt habe. Ich bin selten geil, das liegt an der wöchentlichen Hormonbehandlung. Es gibt aber auch Ausnahmen.

Einmal hatte ich einen jungen Mann aus Schweden. Der hat mir gleich am Anfang an den Po gegriffen und so intensiv daran herumgeknetet, dass ich geil geworden bin. Mein Ding wurde steif, und das Klebeband versagte. Ich stand von einer Sekunde auf die andere mit einer Beule in der Hose vor ihm. Das war vielleicht peinlich. Der Schwede war stinksauer, gab mir 300 Baht und schickte mich weg.

Zugegeben, unter den Kathoeys gibt es auch viele schwarze Schafe. Ich kenne zwei, die gehen immer nur zu zweit mit dem Kunden aufs Zimmer. Während der eine den Kunden bedient und dabei alle Hosentaschen nach Wertvollem untersucht, klaut der andere Kamera, Handy oder andere Wertgegenstände. Wenn eine Geldbörse rumliegt, werden nie alle Scheine herausgenommen. Selbst, wenn der Freier den Verlust schnell bemerkt und dem „Mädchen" sofort hinterherläuft, hat er keine Chance, die Sachen wiederzubekommen. Die haben in allen Treppenhäusern ihrer Stammhotels Verstecke. Mittlerweile lassen die sogar Toilettenartikel mitgehen. Vorausgesetzt, das Parfüm oder Aftershave stammt von einem großen Markenhersteller wie "Gucci" oder "Lagerfeld."

Wenn es zu gefährlich ist, die geklauten Teile aus dem Zimmer zu bringen, dann wird das Diebesgut halt erst einmal auf der Aircondition oder im Papierkorb des Badezimmers deponiert. Dort werden die geklauten Sachen sicher geparkt, bis die Luft rein ist.

Ein paar Bekannte sind gestern mit dem Bus nach Pattaya gefahren. Alle drei Jungs sind Stricher und machen ihr Geschäft nachts am Strand. Die sind sehr aggressiv und gehen, wenn es dunkel wird, den Farang, ohne lang zu fragen, direkt an die Hose. Auch wenn der Freier nicht will, wurden ihm im Handgemenge oft bereits einige Scheinchen gezogen. Zwei von denen mieten sich gelegentlich auch Motorräder und versuchen während der Fahrt, Farangs um ihre Herrentäschchen oder andere Wertgegenstände zu erleichtern. Was laufen die auch mit ihren Handytäschchen am Gürtel und ihren Portemonnaie in der Backentasche ihrer Hose in düsteren Seitenstraßen herum. Selbst Schuld. Aber so sind nicht alle Kathoeys, wirklich nicht. Es gibt auch viele, die, wie ich, einfach nur Geld machen wollen, um ein angenehmes und abwechslungsreiches Leben führen zu können. So, mehr gibt es im Moment nicht zu erzählen, außerdem habe ich seit drei Tagen einen Stammfreier, da muss ich jetzt hin. Wegen dem schönen Geld! Geld ist ein scheues Reh, sagt man hier in Asien und das gilt sicherlich auch bei euch Farangs!"

Endstation Thailand

Jürgen erzählt:

"Nach vierzehn Ehejahren ließ ich mich scheiden. Danach hatte ich ein recht gutes, abwechslungsreiches Leben. Ich wohnte in einer kleinen, schönen Wohnung in Mönchengladbach, hatte eine gut bezahlte Arbeit und konnte mir zweimal im Jahr Urlaub in Thailand leisten. Nie allein, meistens hatte ich ein oder zwei Freunde dabei. Wir hatten immer unseren Spaß mit den Thailadies, genossen das herrliche Meer und das fantastische Essen. Und nun? Ich bin am Ende.

Ich erzähle meine Geschichte, um andere, die von ihrem möglichen Schicksal noch nichts wissen, mit Informationen auszustatten, die helfen können, die gröbsten Fehler zu vermeiden.

Nook tanzte an der Stange einer Gogo Bar in Bangkok. Ein bildhübsches Gesicht mit treuen Mandelaugen und langen, tiefschwarzen Seidenhaaren. Dieses verdammte exotische Paradies auf zwei Beinen wurde mir zum Verhängnis. Ein einziger verschmitzter Blick von Nook hatte mein komplettes Denkvermögen in die Hose verbannt. Bei einem Singha und einem Ladydrink erzählte sie über ihr trauriges Schicksal und wie sehr sie sich einen ehrlichen, gut aussehenden Mann an ihrer Seite wünsche. Kurzum, sie verwöhnte mich zwei Nächte lang und ließ keinen Zweifel darüber aufkommen, dass sie bereit war, mein Lustzentrum bis ans Ende aller Tage bis zum Megaorgasmus anzuheizen. Sie weckte mich morgens mit meinem Ständer im Mund, oder sie setzte sich ohne Ankündigung auf meine Morgenlatte.

Sie wollte nur einschlafen, wenn sie meinen Schwanz in der Hand hielt. Sie benutzte mein Ding wie einen Joystick von einem

Computerspiel. Bingo, genauso hatte ich mir meine Traumfrau vorgestellt. Sie wollte die Arbeit in der Bar aufgeben und bat mich um die Ablösesumme von 25.000 Baht, um sich aus der Bar frei kaufen zu können. In meiner Euphorie und Naivität gab ich ihr das Geld ohne große Diskussion.

Heute weiß ich, dass sie das Geld selbst eingesteckt hat, denn wenn ein Mädchen in einer Bar nicht mehr arbeiten möchte, dann bleibt sie einfach weg. So einfach ist das. Ablöse ist nur dann üblich, wenn man ein Mädchen während der Arbeitszeit für eine "short" - oder eine "longtime" mitnimmt.

Aber ich Trottel war wie verblendet und habe nicht im entferntesten geahnt, was sie in ihrer Karriere als Farangabzockerin längst gelernt hatte:

> Das Gehirn des Mannes lässt sich am besten über das kleine Löchlein am Penis beatmen.<

Andererseits war sie eine liebevolle, aufmerksame Lebenspartnerin. Nicht besonders fleißig oder lernwillig. Aber das hat mich nicht weiter gestört. Ich habe einfach nicht bemerkt, oder wollte nicht wahr haben, dass hinter ihrem Verhalten ein berechnendes System steckte. Wenn ich zurückdenke, hatten wir in den ersten Monaten richtig Spaß zusammen. Eines Abends eröffnete sie mir, dass die Wohnung zu klein sei und sie unbedingt mit mir in ein Haus ziehen wolle. Immer Miete zu bezahlen wäre auf die Dauer einfach zu teuer. Vorher müssten aber unbedingt noch 400.000 Baht Familienschulden bezahlt werden.

Und ich Volltrottel bezahlte und kaufte ein schönes, kleines Haus in der Nähe von Hua Hin. Es gab bis dahin noch nicht einmal ansatzweise einen Grund, an unserer Liebe zu zweifeln. Sie war immer für mich da. Lieb, zärtlich und, tja, immer willig. Ich wusste, das ich als Farang in Thailand kein Land besitzen darf und mangels Alternative musste ich sie bei der Behörde als Besitzerin des Grundstücks mit Haus und Auto eintragen lassen.

Wie hat die alte Knef mal gesungen?

>Von nun an gings bergab!<

Der Goldesel hatte seinen Jackpot ausgespielt. Binnen weniger Wochen veränderte sich ihr Verhalten drastisch. Von ihrer großen Liebe blieb nur noch gelegentlicher Routinesex. Keine Zärtlichkeiten mehr. Sie vermittelte mir das Gefühl, dass ich im Haus nur noch ein mehr oder weniger geduldetes Übel wäre. Zu diesem Zeitpunkt war mir aber immer noch nicht klar, was noch an Überraschungen auf mich warteten.

Ich musste aus verschiedenen Gründen ein paar Tage nach Bangkok. Diese Zeit nutzte sie dazu, ihre komplette Familie in unser Haus zu holen. Nein, nicht als Gäste! Als ich nach Hause kam, hatte sich der ganze Clan über das Haus verteilt.

Absolutes Pack. Abschaum, unterstes Niveau. Und ihre zwei permanent besoffenen Brüder. Ballastexistenzen, übelster Sorte. Der Fernseher lief Tag und Nacht, und das ganze Haus wurde zugequalmt.

Ein absoluter Horror! Aber das war noch lange nicht alles. Bereits nach zwei Wochen reichten ihr die 10.000 Baht, die ich ihr seit dem Anfang unserer Beziehung gab, auch nicht mehr. Sie wollte mehr Geld, da ja jetzt ihre Familie im Haus wohne. Normalerweise hatten sich ihre 10.000 Baht schon zwei, drei Tage nach Monatsbeginn in Zigaretten, Mekhong, Bier und andere

Drogen verwandelt. Vater, Mutter, drei Brüder und zwei Schwestern sahen in mir so eine Art genialen Geldautomaten, der auf Zuruf eine bestimmte Geldmenge auszuspucken musste. Meine Freundin verwandelte sich zu einer herrschsüchtigen Hausherrin. Seit dem Tag meiner Rückkehr habe ich den reinsten Horror erlebt. Das Haus war innerhalb weniger Tage völlig verdreckt. Die Badewanne wurde mit Wasser gefüllt. Das Wasser wurde mit einer Schöpfkelle zum Arschwaschen benutzt. Und dann immer die Abdrücke der Schuhsolen auf der Toilettenbrille. Klar, weil die noch nie gesehen haben, wie sich ein kultivierter Mensch auf die Toilette setzt, und im Fernsehen wird so etwas natürlich nicht gezeigt. Geputzt wurde nie, nur gelegentlich gewaschen, wenn keine saubere Wäsche mehr da war. Das ganze Grundstück haben die zugemüllt. Überall Zigarettenkippen, leere Singha Bierflaschen, und Dosen. Was hätte ich denn tun sollen ? Ich war absolut ratlos.

Nach drei Monaten ist mir dann der Kragen geplatzt. Ich nahm mir Nook zur Seite und erklärte ihr, dass sie künftig nur noch die vereinbarten 10.000 Baht bekommen werde, und ich darüber hinaus erwarte, dass ihre gesamte Familie innerhalb einer Woche das Haus verlässt.

Noch am selben Nachmittag fuhr ich zum Einkaufen ins "Foodland." Nach meiner Rückkehr duschte ich und wollte mir ein paar neue Kleider aus dem Schrank holen. Der Schrank war leer. Das Pack hatte mir einfach den Schrank ausgeräumt.

Ich stellte Nook zur Rede. "Ist doch logisch!" bellte sie mit ihrem hohen Stimmchen zurück. "Wenn meine Familie von dir kein Geld mehr für Kleidung bekommt, dann zieht sie halt das an, was es im Haus gibt!" Kochend vor Wut räumte ich sämtliche Schränke und Schubladen aus, bis ich alle meine Sachen wieder zusammen hatte.

Im Schrank ihrer Mutter tauchte sogar das teure Netbook wieder auf, das ich seit ein paar Tagen vermisste. Danach platzte ich ins Wohnzimmer, wo sich das ganze asoziale Pack zum Essen am Boden niedergelassen hatte. Ich schrie sofort los: "Ihr werdet in Zukunft alle eure dreckigen Finger von meinen Sachen lassen. "Meine Hemden, Schuhe meinen Rasierer und alles andere!"

Sie sahen mich an, als erwarteten sie, dass ich als nächstes vorführen würde, wie man ein Kaninchen aus dem Hut zaubert. Sie drehten sich wortlos wieder um und aßen weiter. So, als wäre nur ein kläffender Straßenköter durchs Zimmer gelaufen. Die Antwort ließ nicht lange auf sich warten. Zehn Sekunden nachdem ich mich zum Schlafen gelegt hatte, begann mein ganzer Körper zu jucken. Juckpulver, verdammt! Ich duschte so lange, bis ich das Gefühl hatte, das Zeug los zu sein. Irgend eine Stimme in mir ließ mich zusammenzucken.

Natürlich! Wer Juckpulver auf dem Bettlaken verteilt, der wird auch nicht davor zurückschrecken, meine Unterwäsche und ja, alle meine Klamotten zu vergiften. Ich griff mir eine Unterhose aus dem Regal und nahm eine vorsichtige Probe mit der Fingerkuppe. Tatsächlich, diese Drecksäcke hatten ganze Arbeit geleistet. Meine gesamte Garderobe war mit dem Scheißzeug behandelt worden. Ich hatte "Gott sei Dank" noch die Kleider neben dem Bett liegen, die ich tagsüber getragen hatte. Beim Anziehen stand plötzlich Nook im Türrahmen.

"Hör mal, Jürgen," pöbelte sie sofort los. "Du wirst meiner Familie keinerlei Anweisungen oder Verbote mehr erteilen. Du wirst mein Auto nicht mehr benutzen und innerhalb einer Woche aus meinem Haus ausziehen! Wenn du dich nicht an meine Anweisungen hältst, werde ich dir ein paar Drogen zustecken und meine Freunde von der Polizei rufen!" Ich wusste nur zu genau, dass der Mob vor nichts zurückschrecken würde, um mich loszuwerden. Durch mein blindes Vertrauen beim Haus - und Autokauf war ich praktisch gelähmt. Die Hände gebunden, hilflos wie ein Maikäfer, der auf den Rücken gefallen war.

Ein paar Tage später hatte ich meinen Auszug arrangiert. Mit einem gemieteten Kleinbus verlies ich schließlich mein Haus auf Nimmerwiedersehen Richtung Pucket. Ich denke, mein kleiner Abschiedsbrief, den ich ihr in Form von Salz, Zucker und Fischsoße im Tank meines Nissans zurückließ, wird ihr noch bitter aufgestoßen sein.

Ich wohne jetzt bei einem Franzosen, der ein großes Appartement und eine kleine Bar besitzt. Dort habe ich ein Zimmer und bekomme für kleine Arbeiten und ein paar Stunden Dienst an der Bar drei warme Mahlzeiten.

Ja, finanziell bin ich definitiv am Ende.

Joy erzählt von Deutschland!

Der Bericht ist aus einem Internetforum frei aus dem Thai ins Deutsche übersetzt.

"Deutschland? Nie wieder. Ernst, den ich in Pattaya kennengelernt habe, lud mich nach Deutschland ein. Erst der ewig lange Flug, dann der Flughafen. Alle haben nur deutsch gesprochen.

Ernst fand es nicht einmal notwendig, mir bei der Passkontolle zu helfen. Erst als ich durch den Zoll durch war, stand er in einem Pulk anderer Leute. Ich war vielleicht sauer. Dann wollte ich etwas essen. Ernst hat mich in so ein beschissenes Mc Donalds gebracht, anstatt mich in ein ordentliches Restaurant einzuladen.

Er kam mit so einem Bic Mac an. Ich hasse dieses Farangfressen. In Pattaya wurde ich schon öfter mal von Farang in ein Hotelrestaurant mitgenommen, daher weiß ich, wie schrecklich das Zeug schmeckt, was die sich in Unmengen reinstopfen. Wahrscheinlich sich deshalb alle so fett. Später bin ich dann im Auto eingeschlafen.

Ernst brachte mich zu seiner Wohnung. Ein kleines Dorf... nur ein paar Häuser. Mitten im Wald. Keine Palmen... nein, überall diese komischen Bäume mit Blättern, die stechen, wenn man sie berührt.

Die Farangfamilien stellen sich einmal im Jahr diese Monster ins Wohnzimmer. Danach behängen sie den Baum mit Kugeln und Kerzen und langen, glitzernden Papierschlangen. Darunter legen sie dann ihre billigen Geschenke aus China.

Wir haben mit zwei anderen Familien im Haus gewohnt. Die haben sich über die idiotischsten Dinge beschwert. Es rieche im Haus nach Reis und Knoblauch. Ich dürfe meine Zigarettenkippen nicht im Hausgang austreten und dort auch keine Wäsche über dem Geländer trocknen lassen. Noch nicht einmal vor der Haustür durfte ich Kippen wegwerfen. Einmal habe ich nachts MTV angemacht und allein ein bisschen getanzt. Da kam die Polizei. Ernst hat dann auch noch mit mir geschimpft. Die Deutschen haben wirklich keinen Spaß.

Ich war ja meistens allein. Außer kochen, waschen und fernsehen war tagsüber nichts möglich. Die sprechen ja alle deutsch dort. Noch nicht einmal Schnee wollte er mir zeigen. Obwohl ich aus dem Fernsehen weiß, das in Europa immer irgendwo Schnee liegt.

Einmal waren wir einkaufen. Ich wollte, dass er mir einen goldenen Ring schenkt. Ein schöner Ring. Auf dem Preisschild stand "Joop", was vermutlich Preis heißt, 400 Baht" Das ist doch nicht teuer! Er hat mir nur das Essen bezahlt und gelegentlich ein Kleidungsstück aus dem großen Billigkaufhaus "C&A." Die haben aber nur in der Kinderabteilung meine Kleidergröße. Ich kann doch nicht rumlaufen wie ´ne Zwölfjährige!!

Eines Abends gingen wir in seine Stammkneipe. Dort erzählte er mir, dass ich doch Deutsch lernen solle und als Putzfrau arbeiten. Was hat der eigentlich geglaubt? Wir haben uns sehr laut gestritten. Die Leute haben sich schon umgedreht. Dann hab ich ihm ziemlich laut gesteckt, dass er mich nicht mehr ficken darf, wenn er am nächsten Tag nicht 50.000 Baht an meine Familie überweist. Und geblasen bekommt er auch keinen mehr.

Einige Gäste, die ihn wohl kannten, haben laut gelacht. Ernst ist total rot geworden. Er hätte im Moment kein Geld... der spinnt doch. Der hat doch alles, was man braucht. Und meine Familie ist arm. Er mußte doch zahlen... oder? Geizig war er..., unglaublich geizig. Mir hat es dann gereicht und ich bin abgehauen.

Bevor ich nach Deutschland geflogen bin, habe ich in Bangkok Jochen und Clemens aus Hamburg kennengelernt, die hab ich angerufen. Die beiden sind blond und haben ganz helle Haut. Und sind jung, nicht wie Ernst... so Mitte zwanzig, wie zwei Filmstars!

Die haben mich dann mit einem tollen großen BMW abgeholt. Es war eine große Freude die beiden wieder zu sehen. In Hamburg habe ich mit den Jungs zwei Wochen lang abgefeiert. Wir waren jeden Abend in Bars und Diskotheken. Die waren echt großzügig und haben immer alles bezahlt!

Die wollten zwar immer mit mir einen Dreier machen, aber das hat Spaß gemacht, ich hab kein Geld dafür verlangt. Jochen hat dann mit "Thai Airways" telefoniert und mich zum Hauptbahnhof gefahren. Mit dem ICE nach Frankfurt, dass war auch ein echtes Erlebnis. Na ja und jetzt bin ich halt hier in Phuket und mache das was ich immer gemacht habe.

Nach Deutschland gehe ich garantiert nie wieder."

Besser ein Ende mit Schrecken

Toni erzählt:

Glauben Sie mir, mit meinen 53 Lebensjahren, davon 15 Jahre in meinem Dorfbistro, hab ich viele kommen und gehen sehen. Hab mich mit manchem Alkoholiker und so manchem Schläger herumgeärgert. Ich war 4 Jahre mit einer jungen Bosnierin verheiratet. Nur so, damit sie in Deutschland bleiben konnte.

Nein, nein, an Erfahrung mit Menschen hab` ich wirklich keinen Nachholbedarf. Und jetzt, nach der Trennung von meiner Nom, zweimal nicht. Ich erzähle diese, meine Geschichte, um einen persönlichen Beitrag,

...mehr noch..., ich möchte, dass alle, die sich meinen Erfahrungsbericht anhören, später mal nicht sagen müssen: " Wenn ich das gewusst hätte!" Sondern sagen können: „Gott sei Dank war ich so gut informiert!" Wenn man aufpasst, muss man im Leben nicht alle Erfahrungen selbst machen.

Vor 20 Jahren war ich das erste Mal für eine Woche in Thailand, in Pattaya und hatte schnell daran Freude gefunden, in die tiefsten Geheimnisse des Land einzudringen. Ich sag es ganz ehrlich, ja, ich war ein klassischer Sextourist. Viele Jahre, viel Spaß und natürlich viel Sex.

Bis sich im November 2006 vor dem kleinen Restaurant, in dem ich frühstückte, die klapprige Schiebetür eines dunkelblauen Toyotavans öffnete und sieben junge, vergnügte Thaitorten ausstiegen. Was für ein Gegacker! Alle sieben steuerten zielsicher genau das Restaurant an, in dem ich saß. Später erfuhr ich, dass der Chef des Etablissements auch der Onkel von zwei dieser lustigen Hühner war.

Beim Eintreten fiel mir sofort die hübscheste, mein späteres Schicksal, "Nom" auf. Ich lächelte sie beim Vorübergehen an. Nom hatte sofort begriffen und lächelte mit einer Mischung aus Bescheidenheit, Genanz und verhaltenem Interesse zurück.

Während wir noch weitere Blicke austauschten, schob ich aus Versehen mein "amazing Thailand" Einwegfeuerzeug vom Tisch. Das Teil landete direkt hinter Nom, sie drehte sich herum, bückte sich, um es aufzuheben und legte das Teil vor mich auf den Tisch.

Ich konnte einen geilen Blick in ihr weit ausgeschnittenes T-Shirt erhaschen. Kleine, feste Brüste mit kleinen schokoladenfarbigen Nippeln. Ich spürte, wie mein Großhirn die Befehlsgewalt einen Stock tiefer verlegte. Wow!!! Später, als Nom mit einer Freundin gehen wollte, winkte ich sie zu mir rüber.

"Hey, ich hab ne Idee! Ich lade dich heute Abend zum Essen ein, und wenn es dunkel wird, nehmen wir uns zwei Weincooler, gehen an den Strand und spielen: "Der Schöne und das Biest!" Sie sah mich verwundert an und dachte vermutlich "aus welchem Käfig hat man den denn rausgelassen!" brachte aber ein schüchternes: "Eat? why not, ok, no Plomlem, come here seven o´clock!" Sie drehte sich wieder ihrer Freundin zu und verschwand im Eingangsbereich. Es war ein wirklich lustiger und später auch romantischer Abend. Kein Zweifel, Nom war eine ganz Süße! Eine ganz Süße mit zwei knapp handgroßen, festen Brüsten. Nur, solange ich nicht an die Buletten darf, läuft mein Urlaub anders als geplant.

Am zweiten Abend saßen wir in einem kleinen, schicken Restaurant, in dem die Gäste von einem deutschen Koch aus Hamburg bekocht wurden. "Nom! Pass mal auf! Auch wenn es jetzt vielleicht nicht der richtige Zeitpunkt ist. Ich bin hier in Thailand nicht zum Spaß, ich meine, wenn ich Hunger habe, esse ich was, und wenn ich geil bin, dann möchte ich vögeln!" Nun habe ich gegessen und bin jetzt geil." Ich finde, wir sollten jetzt ins Hotelzimmer gehen, ein paar Longdrinks bestellen und dann das tun, was uns die Natur als wichtigste Lebensaufgabe gestellt hat.

Wir sollten versuchen uns fortzupflanzen, ich meine, ähh natürlich mit Kondom. Nom lächelte verlegen, drehte ihr bezauberndes Gesicht zur Seite und wisperte "ok, Toni, ok, let´s go." Ein halbe Stunde später hatte mich Nom bestiegen und stöhnte mit kleinem, leisem Wimmern. Spätesten jetzt wurde mir klar, dass ich mir nicht nur eine gebildete, bescheidene Traumfrau an Land gezogen hatte, sondern auch eine, die im Bett mit einem ungeahnten Temperament zur Sache ging.

Die folgenden 10 Tage haben wir, wie der Volksmund sagt: das Leben aus Eimern geschlürft. Wir haben uns konsumiert! Sie mehr mein Geld und ich mehr ihren Körper. Als SMS... als Kurzmitteilung auf´m Handy nannten wir das früher als Kürzel „FSF?"

Fressen, saufen, ficken oder auch mal saufen, fressen und dann ficken. Hauptsache war ficken, die Reihenfolge war mir relativ egal. Leider ging diese Zeit viel zu schell vorbei.

Das Letzte, was ich aus dem Busfenster sah, war eine traurig blickende Nom mit 10.000 Baht in ihrer rechten Hand. Das Geld, das ich ihr gerade für geleistete Dienste gegeben hatte. Nom war die erste Thaibraut, der ich neben Geld auch meine Handynummer gab.

Zurück in Deutschland war aber erst mal Funkstille. Es dauerte drei Wochen, bis Nom sich das erste Mal wieder meldete. Wir telefonierten mindestens alle 3 Tage und plauderten oft lang über ihre Probleme. In den folgenden zwei Monaten hatte Nom vornehmlich Stammfreier: Farang, von denen sie sich ein bis zwei Wochen aushalten ließ und dafür hinhalten musste. Besonders glücklich war sie dabei nicht.

Hatte sie doch noch vor einem Jahr beim Computerhersteller Fijuitsu Siemens gearbeitet. Als das Werk dann dicht gemacht wurde, war das halbe Dorf arbeitslos. Nom kam vorübergehend bei Bekannten auf einer Hühnerfarm unter. Kurz darauf brach die Vogelgrippe aus, und der gesamte Hühnerbestand wurde von heute auf morgen platt gemacht. Obwohl sie für thailändische Verhältnisse eine gute Schulausbildung genossen hatte, stand sie dann zum zweiten Mal sozusagen "Auf der Straße". Zusammen mit Freundinnen aus ihrer Heimatstadt "Kong" machte Sie sich dann auf nach Pattaya, um eine neue Lebensperspektive zu suchen. Und jetzt? Ich saß in Deutschland in meiner Kneipe, während sie sich von geilen alten Säcken aus England, Schottland und Frankreich vögeln ließ um überleben zu können. Ja, heute weiß ich, warum sie mich immer wieder angerufen hat.

Ich bin zwar kein Märchenprinz, dafür aber einer, mit dem man Spaß in jeglicher Form haben konnte und der darüber hinaus auch noch genug Geld hatte und es auch ausgab. Einer, der nie ein böses Wort verliert, der zärtlich sein konnte und immer gut gelaunt war. Vielleicht nicht die Königslösung für sie aber in jedem Fall eine echte gute Chance. Als dann wieder einmal das Telefon im Bistro klingelte, fragte ich sie, ob sie nicht Lust hätte, nach Deutschland zu kommen. Sie war sofort Feuer und Flamme..., ja, ich hatte das Gefühl als wäre ihr in diesem Moment ein Mühlstein vom Herzen gefallen. Ich setzte mein Vorhaben sofort um und überwies ihr mit Western Union 300 Euro, damit sie in ihre Heimatstadt fahren konnte, um einen Reisepass zu beantragen. Im Gegenzug machte ich mich daran, alle Formalitäten, die in Verbindung mit dem Schengener Abkommen nötig waren, zu erledigen. Unter anderem musste ich beim Passamt Baden Baden 2.500 Euro als Kaution hinterlegen. Eine Krankenversicherung beim ADAC wurde für sie abgeschlossen, dann waren alle Auflagen zur Visaerteilung erfüllt. So dachte ich. Anfang Januar flog ich dann nach Bangkok, um Nom zu holen.

Wir checkten im „Dynasty Inn" in der Soi 4 ein. Gleich am nächsten Morgen nach dem Frühstück im Starbucks um die Ecke fuhren wir zur deutschen Botschaft, um endlich das Visum zu bekommen. Das bürokratische Chaos offenbarte sich bereits im ersten Antragsformular. Die deutsche Botschaft kündigte in Form einer Klausel an, dass bis zur endgültigen Visumerteilung noch Nachforderungen erhoben werden könnten. Trotz meiner ausgezeichneten Referenzen aus Deutschland wurde das Visum nach drei Tagen abgelehnt.

Begründung... Nom wäre:
A) Nicht verheiratet,
B) Sie hätte keine Kinder
C) Keine feste Arbeit

Und würde darüber hinaus keinen Grund und Boden in Thailand besitzen. Weiterhin forderte man eine Bankauskunft, die nachweisen sollte, dass sie ihren Urlaub selbst finanzieren könnte. Man höre und staune, selbst eine Kontolegende der letzten 5 Jahre mit allen Ein- und Auszahlungen wurde gefordert! Kurzum, man befürchtete wohl, dass Nom, einmal in Deutschland eingereist, nicht mehr in ihr Heimatland zurückkehren würde.

Das bedeutete 300 km Reise nach Kong, ihrer Geburtsstadt, wo sie bei Thai Farmers Bank ein Konto hatte. Antrag stellen.

Wieder 300 Km zurück nach Bangkok und drei Tage später wieder nach Kong zur Bank, um den Nachweis abzuholen. Die Schikanen gingen immer weiter. Der Nachweis des gesamten Familienvermögens wurde gefordert. "Gott sei Dank" war Noms Vater so eine Art Ortsvorsteher und konnte uns einige Formulare selbst ausstellen, manche auch abstempeln. Wieder zur Botschaft, drei Tage warten, und abgelehnt.

Der deutsche Botschafter war für uns, warum auch immer, nicht greifbar. Ein thailändischer Beamter, der zwar deutsch sprach, aber einfach keinen Bock hatte, kannte keine Gnade. Heute weiß ich, dass der eine oder andere Schein in die hohle Hand wahrscheinlich Wunder bewirkt hätte. Wir mussten uns mit dem Tipp, einfach statt eines Touristenvisums ein Heiratsvisum zu beantragen, erst einmal geschlagen geben. Na Klasse! Die Illusion, Nom mit nach Deutschland mitnehmen zu können, war wir ein Luftballon zerplatzt. Wir beantragten also ein Heiratsvisum, doch die Zeit reichte nicht aus. Ich musste allein nach Deutschland fliegen. Um Geld für ein Flugticket zu parken, richtete ich Nom ein weiteres Bankkonto ein deponierte 30.000 Baht Mit einer Wegzehrung von 400 Euro zum Überleben, ohne in eine Bar gehen zu müssen, verließ ich Bangkok mit einem Jumbo der Lufthansa. Man darf das gar niemandem erzählen, so unglaublich klingt das. Weitere 3 Monate dauerte es, bis ich Nom endlich am Frankfurter Flughafen in den Arm nehmen konnte.

Das Hochzeitsvisum für ein Vierteljahr hatte allerdings einen Megahaken. Würde Nom unverheiratet nach Thailand zurückkehren, bekäme sie nie wieder eine Ausreisegenehmigung. Jedenfalls nicht nach Deutschland. Nach all diesen Unebenheiten kommt es jetzt darauf auch nicht mehr an. Sagte ich mir.

Nom lebte sich schnell ein, half im Bistro und war bei meinen

Gästen sehr beliebt. Schließlich heirateten wir standesamtlich.

Gefühlsmäßig war Nom die ganzen Monate mehr so 'ne Art Kumpel für mich gewesen doch jetzt ertappte ich mich immer öfter dabei, dass mein Herz zu pochen begann, wenn sie mehr als einen kurzen Small Talk mit einem Gast führte. Ich begann mir Sorgen zu machen, wenn sie länger als gedacht wegblieb. Ja, ich hatte mich, ohne ein Funken an Kontrolle darüber zu haben, verliebt. Ein tolles Gefühl, dass ich, trotz allem, was die Zeit noch bringen sollte, nicht missen möchte.

Wir erlebten ein glückliches Jahr, vielleicht das Schönste unserer Ehe. Ich stellte Nom offiziell an, somit war sie krankenversichert und konnte im Monat über immerhin 600 Euro verfügen. Als Taschengeld sozusagen. Kosten für Wohnung und Essen hatte sie ja nicht. Ihr Deutsch wurde Woche für Woche besser. Nebenbei bemerkt finanzierte ich bei unserem ersten gemeinsamen Thailandurlaub ihrem Vater einen Traktor für schlappe 560.000 Baht. Später musste es natürlich auch noch ein Häuschen sein. Nein, nein, ich bereue das eigentlich nicht! Eine deutsche Braut hätte in dieser Zeit wahrscheinlich mehr gekostet. Ist halt immer eine Frage des Betrachtungswinkels.

Wenn man das Leben als Mischkalkulation sieht, geht vieles leichter. Die Monate gingen ins Land, und Nom pflegte mehr und mehr Kontakte zu anderen Thaimädchen mit ähnlichem Schicksal. Sie kam immer öfter mit Forderungen, die ihr wohl von ihren Freundinnen ins Ohr gesetzt worden waren. Einmal wollte sie zwei Kinder, das nächste Mal ein eigenes Haus. Sie wollte plötzlich alles, was die Freundinnen zusammengerechnet hatten. So kündigte sich unsere traurige Trennung auf Raten an.

Ich ertappte sie immer wieder dabei, wie sie die Gestaltung der

Preise im Bistro "Pi mal Daumen" je nach Gast und Nasenlänge veränderte. Einer zahlte für ein Bier 1,50 der nächste 2,20 Euro.

Das ging halt überhaupt nicht. Wie das im Leben ist, kommen die Sorgen so geballt, als hätten sie sich untereinander abgesprochen. Um den Ärger auf die Spitze des Unerträglichen zu treiben, legte mir dann auch noch mein Arzt nahe, unbedingt etwas gegen meinen Bluthochdruck zu unternehmen. Ich entschloss mich schweren Herzens, die Betablocker zu nehmen. Wohl wissend, dass meine Manneskraft erheblich darunter leiden würde. Das war der absolute Schlussstrich für unsere harmonische Ehe. Der Rest war vorprogrammiert. Sie arbeitete nur noch gelegentlich im Bistro und trieb sich Nächte lang mit ihren Freundinnen herum. Manchmal, wenn sie Lust auf Sex hatte, griff sie mir in die Hose, und wenn sich dann nicht gleich etwas rührte, begann sie mich zu verspotten oder sich über mich lustig zu machen. Das traf mich besonders hart. Sie stand nicht mehr zu mir.

Ehrlichkeit, eine Qualität, die damals meinen Entschluss, Nom zu heiraten, mitgetragen hatte, gab es nicht mehr. Immer, wenn sie sich einen Vorteil erhoffte, log sie mich schamlos an. Na ja, und rot werden konnte sie dabei ja nicht. An einem Sonntagmorgen war sie mal wieder nicht nach Hause gekommen. Ihr Handy hatte sie, wie immer bei solchen Ereignissen, ausgeschaltet. Alle ihre Freundinnen waren schon längst wieder daheim. Nur meine Nom nicht. Gegen 17:00 öffnete sich die Eingangstür, und Nom stand mit einem gekünsteltem Lächeln vor der Bar. Da noch kein Gast da war, stellte ich sie sofort zur Rede. Aber was hatte ich erwartet?

Sie erzählte, ohne mir auch nur einmal in die Augen zu sehen, dass sie mit einem meiner Stammgäste schon seit drei Wochen ein Verhältnis hätte. So, wie sie damals in Pattaya in mein Leben getreten war, so verschwand sie auch wieder. Im Handumdrehen war sie umgezogen und aus meinem Leben verschwunden.

Ihrem neuen Lover, dem Sohn eines Bauunternehmers aus einem Nachbardorf, habe ich klar gemacht, dass er nicht nur den Spaß mit Nom übernommen hatte. Die Pflichten gehören auch mit ins Paket. Und zwar alle! Wenn ich da irgendwas zu hören bekomme oder noch einmal zur Kasse gebeten werde, würde ich nicht davor zurückschrecken, mich in ihrem neuen Dorf in ihre neue Stammkneipe zu setzen und vor allen Gästen auspacken.

Vom Rotlicht bis zur Lüge. Vom Spott bis zur Untreue. Das komplette Programm. Einmal von der Dorfgemeinschaft und ihrer neuen Familie geächtet, würde sie wohl oder übel wieder in ihre Heimat zurückkehren müssen. Was für ein Leben sie dort erwartet, sich das vorzustellen, dafür braucht man keine besondere Fantasie.

Ich, für meinen Teil, bin von meinem Heiratswunsch gründlich geheilt. Ich stecke meine Energie wieder zu hundert Prozent in mein eigenes Glück und habe noch eine zweite Kneipe mit Spielklub für Schach, Dart, Poker und Internet eröffnet.

Leben? Das ist nun mal Nahkampf.

"Paradies now!"

Schließlich habe ich den Rest meines Lebens noch vor mir! Sollte ich jemals wieder nach Thailand kommen, gibt´s Geld nur noch für die perfekte Dienstleistung. Gegen Tränen von Thaigirls bin ich mittlerweile immun.

Auszüge aus den Internetforen der Zeitung

„Wochenblitz"

Grubert

"Bitte verliebt Euch nicht und schickt um Himmels Willen kein Geld nach Thailand, es sei denn, Ihr wollt dem Thaistecher Eurer Freundin seine Saufpartys bezahlen. Behaltet immer im Hinterkopf, dass es um Sex gegen Bezahlung geht. Wenn Sympathie da ist und die Chemie stimmt ist es toll - mehr soll es nicht werden. Thais sind nicht wirklich kompatibel zu Farang.

Macht keine langen Spaziergänge mit Eurem Mädel. Thais hassen es zu laufen.

Schleppt Eure Freundin nicht in die Sonne an den Strand.Das Letzte, was sie möchte ist, dass ihre Haut noch dunkler wird als sie ohnenhin schon ist. Wenn es trotzdem sein muss, dann bringt bitte Verständnis dafür auf, wenn sich in ein Handtuch einwickelt, einen Hut und eine Sonnenbrille aufsetzt und den Schatten nicht verlässt.

Beerfan

Man sollte vielleicht auch noch erwähnen, dass die Girls mit ihrer Arbeit als "Freiberuflerinnen" ganze Dörfer im Isaan ernähren und dafür sorgen, dass die Region nicht vollends in Armut, wehmütigen Thaksin-Träumereien und Selbstmitleid versinkt.

Dabei sollte nicht vergessen werden, dass die Nutzung der "natürlicher Ressourcen" in den Touristenzentren, zum großen Teil auf Wunsch — zumindest aber mit Absegnung — der Isaan-

Familie geschieht... was von vielen dort ansässigen Farangs aus lokalpatriotischen Gründen gern verdrängt wird.

Das Rotlichtmilieu ist ein "Dienstleistungssektor"! Also eine Dienstleistung gegen Geld. Man sollte daher nicht von Abzocke reden, sondern eher von der Blödheit gewisser Farangs.

Wer seine wahre Liebe im Rotlichtmilieu sucht, sollte doch besser Lotto spielen. Die Chancen auf einen Haupttreffer sind etwas gleich hoch.

Ich möchte nicht behaupten, dass eine Beziehung mit einer Ex-Dienstleistern, nicht gut gehen kann. Doch die Wahrscheinlichkeit, dass es in die Hose geht, ist zig-mal grösser als dass es gut geht.

Natürlich haben die Geschäftsleute nichts mit der angesprochenen Abzocke zu tun. Es geht ja überwiegend um die Bars sowie am Strand manche Strandverkäufer, sowie die Jetski- Verleiher. Hier ist doch Vorsicht geboten. Davor kann man die Touristen auch warnen, damit sie nicht in diese Fallen tappen. Der Verkauf - Vermittlung von Minderjährigen gehört ebenfalls dazu, sowie Drogen.

Jomtien

"Als meine Tochter das Examen hatte, hat sie in Udon Thani an einer internationalen Schule gelehrt, nebebei mußte sie auch Übersetzunge machen. Was da zum Vorschein kam, war ungeheuerlich. Ich bekam auf diese Weise einen Einblick, wie es in Thailand zu geht.

Beispiel:

Ein fünfundfünfzigjähriger Mann aus Hamburg hatte seine Frau an der Bar in Pattaya kennen gelernt. Erst hat er ein Haus gebaut, dann das zweite. Ein Auto musste her und dann auch noch Motorräder für die Familie. Als der Mann dann die Bremse ziehen wollte wurde er vom Stiefsohn und Schwiegervater mit dem Messer bedroht und musste fliehen. Das ist nur ein Fall von tausenden.

Auch ich habe sehr viel Lehrgeld bezahlt, bis ich darauf gekommen bin. Es ist nicht immer die Frau schuld, sondern ihre Familie, die sie unter Druck setzt. Sie versuchen mit allen Mitteln an das einfache Geld zu kommen das der Ausländer im Schweisse des Angesichts verdient hat. ich jedoch betonen, es sind wirklich nicht alle gleich

Highway311

...wer meint, er müsse eine Partnerin haben, die ständig zugestimmt und sie nur hat, weil sie eine Wildsau beim Geschlechtsverkehr ist, der ist einfach dumm.

Das sind keine Voraussetzungen für eine harmonische, repektvolle Beziehung.

Grubert

"Schuld" würde ich den Thaimädels nicht geben, eher den dummen Farang. Die Mädels machen doch nur, was von ihnen erwartet wird: sie erzählen den realitäts- und weltfremden Farang exakt das, was sie hören wollen, und sie nützen einfach den Goldesel als willkommenen Geldautomaten.

Das Geld liegt auf der Straße, und es liegen zu lassen wäre schön dämlich. Man (Thaigirl) muss es nur aufheben. Ich würde das an deren Stelle ganz bestimmt nicht anders machen.

Das alles ist ein Teil Thailands, der gern von manchen übersehen und verdrängt wird. Gut und schön für den 14 Tages- Spaßtouri, wer weitergehende Ambitionen hat, sollte sich (möglichst vorher!!!) schlau machen über das vermeindliche "Paradies" (haha) - und vor allem aufwachen, bevor es zu spät ist.

Jomtien

Was ist eine Rotlichtfalle?

Von Falle würde ich dann sprechen wenn arglistiger Betrug im Spiel ist.

Das ist meiner Ansicht nach nur dann gegeben wenn eine "Lady" oder ein Stricher ihre/seine Kunden abzockt ohne die vereinbarte Dienstleistung zu liefern.

Der Normalfall in Babylon, ähhh Pattaya ist jedoch das eine fasst perfekte Illusion von "wahrer Liebe" geliefert wird. Dem Kunden egal wie alt er ist, und egal wie er aussieht, wird das Gefühl gegeben das er attraktiv ist, und Sex mit ihm Spaß macht, etc.

Für einen "Pattaya-Unerfahrenen" mag das wie eine Falle wirken, doch sich darüber zu beschweren halte ich für fehl am Platz, denn er weiß ihm voraus das er eine Dienstleistung ordert, für die ein Entgelt verlangt wird, nur scheint er das nach einer gewissen Zeit zu vergessen, somnamna.

So funktioniert die angebliche Falle aus meiner Sicht:

Vorgeschichte: Ein Freier macht Urlaub in Thailand, weil ihm die Nutten in Europa zu teuer sind, und die in Thailand angeblich fasst nichts kosten und außerdem "besser" sind.

1. Er weiß vorher das er sich mit einer Nutte einlässt.

2. Die Nutte liefert gute "Handwerkskunst", und dazu das Gefühl das er/sie seinen/ihren Kunden mag.

3. Der Kunde "heiratet" die/den Dienstleister/in um sie/ihn nicht mit anderen Kunden teilen zu müssen.

4. Irgendwann klappt die geschäftliche Beziehung nicht mehr so richtig. Der Kunde ist der Ansicht das Preis-Leistungsverhältnis stimmt nicht (mehr), und argumentiert das er in eine "Falle" getappt ist.

5. Statt das Preis-Leistungsverhältnis neu auszuhandeln, besteht die Nutte weiter auf ihren Tarif und bietet ihrem Langzeitfreier an, das er das von ihm freiwillig auf ihrem Grundstück errichtete Blaudachhaus verlassen muss wenn er nicht weiter zahlt.

Wo liegt nun die Falle?

Grubert

...was den Altersunterschied betrifft, was denn ein alter Mann von so einer jungen Schönen erwarten könne? In Ländern wie Thailand ist das ganz anders als bei uns. Dort nämlich ist das, wenn vielleicht auch nicht "normal", aber eine weit verbreitete "gute Sitte". Das Geld spielt in der Werteordnung der Thais eine ganz andere Rolle als bei uns, man darf welches haben, man darf welches verdienen, man darf es ausgeben und man darf sogar drüber sprechen. Wir hier sehen das alles etwas zu verklemmt. Das Leben kann so einfach sein!

Isanjan

Sicher wurden schon tausende Farangs abgezockt, einige sicher auch zu recht, es gibt viele Langnasen denen ich das sogar wünsche, wenn ich sehe wie respektlos sie sich ihrer Mia und deren Familien gegenüber verhalten!

...und dann sind da noch hunderttausende über die ganze Welt zerstreut (und einige tausend in Thailand) bei denen die Beziehung mit allen Höhen und Tiefen wie bei einer Ehe unter gleichrassigen (gibt es dieses Wort?) funktioniert und niemand bestohlen, ermordet und selten betrogen wird.

Aber das ist halt weder spektakulär noch eine Zeile in den Zeitungen wert....

Moni1221

Ohne Zweifel, eine ernüchternde (für Betroffene)Sammlung an Negativerfahrungen von Farangs, aber auch für die Barmädchen und Ladyboys.

Was bitte kann einer (in die Jahre gekommener) Ausländer auch anderes von einer bildschönen Amateurnutte erwarten? Die Chance, dass man als Liebesmacho, eine Frau fürs Leben finden kann, ist logischerweise sehr gering.

Schon wegen des Altersunterschieds. Das gilt übrigens auch für Frauen, die jedes Jahr scharenweise nach Jamaica, Nordafrika,

Kenia und andere Länder reisen um sich den "Kick" zu holen. Einen Kick, der zuhause nicht mehr zu bekommen ist. Weder für Männer noch für Frauen. Der Misserfolg ist geradezu vorprogrammiert. Vielleicht sollte man hier noch erwähnen, dass Verallgemeinerungen IMMER falsch sind.

Es gibt DEN Farang, DEN Deutschen, oder auch DEN Thai NICHT! Sprich auch nicht DIE Barlady. Jeder Mensch ist anders. Wir leben zwar alle auf dem gleichen Planet... jeder jedoch in seiner eigenen Welt.

Buddha meinte: Erkläre doch mal bitte einem Vogel, dass er im Wasser als Fisch ein ebenso gutes Leben führen kann. Es wird nicht klappen. Aber: Die größte Gefahr ist die, die man nicht kennt. Das könnte die Falle sein. (Abgezockt -Rotlichtfalle Thailand) Deshalb ist umfassende Information unabdinglich, wenn man sich schützen möchte.

x_man

merke: im rotlichtbereich zocken alle, ladies, beer bars, bar beers, autoren, fotografen, gogos, waschsalons, massage parlors, taxifahrer, polizei einfach alle
Cyberbeno4

......."ist nur leider ganz und gar nicht auf das Rotlichtmilieu beschränkt.

Los, land of scams. ob airportscam, jetskiscam, braune, die einem Drogen unterjubeln, Nutten die einen des Diebstahl bezichtigen (und in thailand ist ja das tolle, in so einem fall muß man dann seine Unschuld beweisen). Vermieter die mit dem deposit (Pfand) nicht rüberkommen, ect, alles geht im Land der

Freien oder auch im gelobten Land.

Expat1967

Hochzeit mit Folgen

Bei uns im Dorf wurde eine Hochzeit gefeiert. Der Bräutigam, ein Thai, gehört zu den wenigen die ihr Geld nicht in einen Karaoke Bar tragen oder es für Schnaps und Bier ausgeben. Ein fleißiger junger Mann, der viel arbeitet. Seine Auserwählte hat es allerdings faustdick hinter den Ohren. Mal eine Nacht mit 5, 6, oder 7 Jungs zusammen verbringen ist keine Seltenheit bei ihr. Sie hat mich um Sexvideos aus dem Internet gebeten. Schwerpunkt: Eine Frau die von mehreren Männern richtig hart ran genommen wird. Ich bin ihrer bitte allerdings nicht nachgekommen.

Der Brautpreis betrug 120.000 Baht plus Gold für 40.000 Baht plus Ausrichtung der Hochzeit. Alles zusammen in etwa 250.000 Baht.

Laut Aussage des Bräutigams wurde die Ehe nie vollzogen. In der ersten Nacht klagte seine frischgebackene Ehefrau über Kopfschmerzen. In der zweiten Nacht hatte sie angeblich ihre Tage. In der dritten Nacht war sie verschwunden.

Der etwas geknickte und leicht verunsicherte Ehemann suchte seine Schwiegermutter auf. Diese erklärte kurz und trocken es wäre nicht ihr Problem.

Nach weiteren 2 Wochen ohne das er seine Ehefrau zu Gesicht bekam entschloss sich der junge Mann das Brautgeld und das Gold zurück zu fordern da seine Frau ja wohl nichts von ihm wissen will und auch nicht mit ihm zusammen sein will.

Bei der polizeilichen Vernehmung heulte die Ehefrau Rotz und Wasser und behauptete ihr Ehemann hätte perversen und sadistischen Sex von ihr verlangt.

Alle hier im Dorf wissen das die Kleine auf diese Art von Sex steht. Das sie aber ausgerechnet mit ihrem Ehemann keine Lust auf diese Spielchen hatte ist nur schwer zu glauben. Außerdem glaubt niemand dass ein Ehemann dies in der Hochzeitsnacht von seiner Frau verlangt.

Kurzum:
Geld weg!
Frau weg!
Gesicht weg!
Was lernen wir daraus?

Es gibt nicht nur Farang Liebeskasper. Oh nein. Es gibt sie auch unter den Thais.

Und:
Die Thais bescheissen nicht nur uns Farangs sondern bescheissen sich auch gegenseitig was das Zeug hält.

Übrigens:
Für eine „angebliche" 19 jährige Jungfrau ist das ein normaler Preis. Es gab andere Hochzeiten hier wo der Brautpreis noch höher lag. Ich hab meine Frau noch mal gefragt und sie hat mir diese Summe bestätigt.

(nüng sän song mün)

Wenn bekannt ist das einer Geld hat, egal ob Farang oder Thai, wird hingelangt was geht.

Nachwort

Blaues Meer, Palmen, die Sonne scheint, gutes Essen, nette, immer lächelnde Menschen, dies alles erwartet den alleinreisenden Mann in Thailand. Dazu exotische, junge Damen, die gegen die Entrichtung eines gewissen Obolus gern dazu bereit sind das Kopfkissen mit dem "Farang" (westlich aussehende Menschen) zu teilen. Und sie geben ihm dabei auch gleich das Gefühl einer innig - herzlichen Beziehung, wie es sonst nur eine "richtige" Freundin kann. Vom Sex ganz zu schweigen! So stellt Mann sich seinen idealen Urlaub vor. Nicht selten hört man Sätze wie "das hier ist das Paradies!" Mit Superlativen wird bei der Beschreibung des Erlebten sowieso nicht gerade sparsam umgegangen.

Das alles hat auch durchaus seine Berechtigung! Und wenn man sich nicht allzu blauäugig und naiv anstellt, d.h. keine Sachen macht, die man auch Zuhause niemals tun würde, wie z.B. ohne richtige Prüfung der Eigentumsverhältnisse eine Immobilie zu kaufen, oder einer Prostituierten aus einer Bar regelmäßig Geld zu überweisen, wird man einen schönen Urlaub verbringen, an den man noch lange mit Freude zurückdenken kann.

Leider verwechseln viele vom heimischen Zeitgeist und Emanzengezicke geplagten (und der Freude entwöhnten) Männer ihre fast willkürlich entstehenden Hormonschübe mit "echten Gefühlen" und "echter Liebe". Diese macht bekanntlich blind, und zwar auch dann, wenn es sich in Wirklichkeit nur um Hormonschübe handelt. Mann ist völlig überwältigt und beschließt wiederzukommen. Beim nächsten Besuch gibt man den Rest Hirn, der nach all den Glücksgefühlen noch nicht in die Hose gerutscht war, und so möglicherweise noch zu einer klaren Überlegung imstande gewesen wäre, lieber gleich am Airport ab. Wo vielleicht schon die "Freundin" wartet, um den strahlenden, meist schon etwas in die Jahre gekommenen Urlauber abzuholen.

Hinter die Kulissen zu schauen ist gleich beim ersten Besuch in Thailand schlecht möglich, zu überwältigend sind die vielen neuen Eindrücke. Es ist ein anderer Planet, mehr, ein anderes Universum. So kommt es, dass so mancher zu spät bemerkt, dass auch in Thailand bei weitem nicht alles Gold ist, was glänzt. Und dass die aus der Heimat bekannten Werte hier nicht einfach eins zu eins angewendet werden können. Dazu die vielen Vorurteile, die, wie könnte es anders sein, meist unzutreffend sind und in die falsche Richtung denken. Da ist von den "armen, ausgebeuteten Mädchen" die Rede - dabei ist es eher so, wenn wirklich jemand in die Nähe von Ausbeutung kommt, dann sind wir das.

Die Meinung der Thais über uns ist selbstverständlich ebenso von Vorurteilen geprägt. Sie gründen sich auf die unterschiedlichen Kulturen und unser - in den Augen der Thais seltsames - Verhalten dort. Jedoch sind Thais nicht nur pragmatisch, wenn es ums Geldverdienen geht, sondern verzeihen gern auch unsere Fehltritte in alle möglichen Fettnäpfe, wenn sie unseren guten Willen erkennen. Da heißt es auch für uns vor allem und ständig: "Bitte lächeln..."

"Farang sind reich und dumm" ist die landläufige Meinung der Thais über uns, und das frappierende daran ist, aus ihrer Sicht haben sie damit völlig Recht!

In Thailand gibt es kein soziales Netz, wie wir es von Zuhause kennen. Thailand ist zwar nicht die Dritte Welt, und niemand muss verhungern. Trotzdem kann es sich dort niemand leisten, natürliche Ressourcen wie verliebte ausländische Männer, die von nichts eine Ahnung zu haben scheinen und denen man nur erzählen muss, was sie hören wollen, um ihr Herz (und Portemonnaie!) zu öffnen, einfach brach liegen zu lassen.

So kommt es dann auch, dass einige der cleveren Bargirls (von denen soll es alleine in Pattaya etwa 30.000 geben) drei, vier oder mehr Farang "an der Angel" haben, die sie regelmäßig mit Geldüberweisungen unterstützen. Freilich wissen die voneinander nichts, die Schwierigkeit besteht für die Lady nur noch darin, die Urlaubstermine ihrer "Scheichs" möglichst optimal zu koordinieren. Man gehe dort mal in ein Internetcafé und beobachte die Mädels beim Chatten und Schreiben, dann wird gleich klar, was ich meine. Und natürlich gehen diese Mädels nach wie vor zwischendurch ihrer alten Tätigkeit nach, auch wenn sie das so direkt nicht unbedingt sagen...

"I work with Farang" lautet oft die Antwort, wenn man die Mädels mal in einem stillen Moment danach fragt, was sie eigentlich arbeiten. Das ist in Pattaya ein ebenso angesehener Beruf wie andernorts Bäcker oder Schlosser.

Die Geschichten von gehörnten und belogenen Farang füllen nicht mehr nur Bände, sie füllen ganze Bibliotheken. Und ganze Landstriche im Isaan (ärmere ländliche Gegend im Nordosten Thailands, aus der viele der Bargirls kommen) sind geprägt von neuen Häusern, die von Farang bezahlt wurden. Obwohl diese meist nicht (oder nicht mehr) dort wohnen bzw. nur für eine gewisse Zeit.

Noch schlimmer erwischt es diejenigen Kollegen, die geblendet von himmlischen Zuständen und eigenem Hormonpegel, Zuhause alle Brücken abreißen und mit allem was sie besitzen nach Thailand ziehen. Die Frage "Wie mache ich in Thailand ein kleines Vermögen" wird landläufig beantwortet mit "Mit einem großen". Das mag eine Binsenweisheit sein, ist aber leider der Gang der Dinge im "Land of Smile". Ebenfalls bedauerlich ist der Umstand, dass der alte Satz "Gott schütze uns vor Sturm und Wind und vor Landsleuten, die im Ausland sind" hier zum Tragen kommt. So mancher abgebrannte Farang hat sich darauf spezialisiert, Landsleute auszunehmen und zu betrügen, um noch irgendwie über die Runden zu kommen.

Ich kann also nur jedem wirklich dringend raten, bei allem Spaß und den guten Dingen, die jedem aufgeschlossenen Urlauber in Thailand unweigerlich begegnen, das Gehirn immer eingeschaltet zu lassen. Nie Immobilien kaufen, schon gar nicht unüberlegt, und nie Geld schicken, für wen oder was auch immer.

Frank Setzer trifft mit seinem Buch "Abgezockt, Rotlichtfalle Thailand" den Nerv all dieser Dinge, er bringt es auf den Punkt. Wobei ich anfügen möchte, dass zum Abzocken immer zwei gehören, nämlich einer, der abzockt, und einer, der sich abzocken lässt. Insofern ist dieses Buch schon als Vorbereitung jedem zu empfehlen, der seinen Urlaub im "Land of Smile" verbringen möchte, oder gar mehr Zeit dort zu investieren plant. Es sorgte darüber hinaus auch bei einem "alten Hasen" wie mir für schenkelklopfende Lacher.

Ich habe das Buch in einem Rutsch "durchgelesen.

Manuel Jorge "Major" Grubert

Quellenangaben

Bangkok Post
daspattayaforum
Der Farang
Forum Thailandtip
Isaan-forum
Ostasien Zeitung
Pai Nai
Pattayaforum.net
The Nation
Tip Thailand
Wochenblitz Forum (Blitzbrett)

Jetzt auch als
HÖRBUCH
erhältlich!

Top Kino fürs Ohr

2 CD 122 Min.
ISBN: 9-78398-136940-3

THAILAND
hinter den Kulissen

Der Autor entführt sie in eine wundersame Realität, die man in keinem Reiseführer findet. Das Urlaubsparadies mit seinen sensationellen Traumstränden hat "hinter den Kulissen" geradezu Unglaubliches aber auch Faszinierendes zu bieten. Fernab von westlich geprägter Denkweise brodelt ein faszinierender Kulturschock.

2 CD 120 Min.
ISBN: 9-78398-136941-0

- **Korruption und Hirarchie in der Gesellschaft**
- **Bitarre Bräuche als Kulturerbe**
- **Rechtsbeugung im Schlichtungsalltag**
- **Scheinmoral und Gesichtsverlust**
- **Die Wahrheit über die Maßschneider**
- **Der Geisterglauben "Knigge."**
- **aber auch wichtiges Grundwissen über den Buddhismus.**
- **Wertvolle Einkaufstipps und wie man seine Mehrwertsteuer zurück bekommt.**